효과적인 인간관계를 위한

협력적 의사소통

신 의 식 저

양 성 원

세상에서 가장 사랑받는 사람은

모든 사람을 칭찬하는 사람이요,

가장 행복한 사람은 감사하는 사람이다.

– 탈무드 –

이 작은 정성이

독자 여러분의

성공 지침서가 되길 기원합니다.

국가직무능력표준(NCS)이란?

NCS(국가직무능력표준)은 무엇인가요?

국가직무능력표준(NCS, National Competency Standards)은 산업현장에서 직무를 수행하기 위해 요구되는 지식 · 기술 · 태도 등의 내용을 국가가 체계화한 것입니다.

What?

국가직무능력표준 개념도

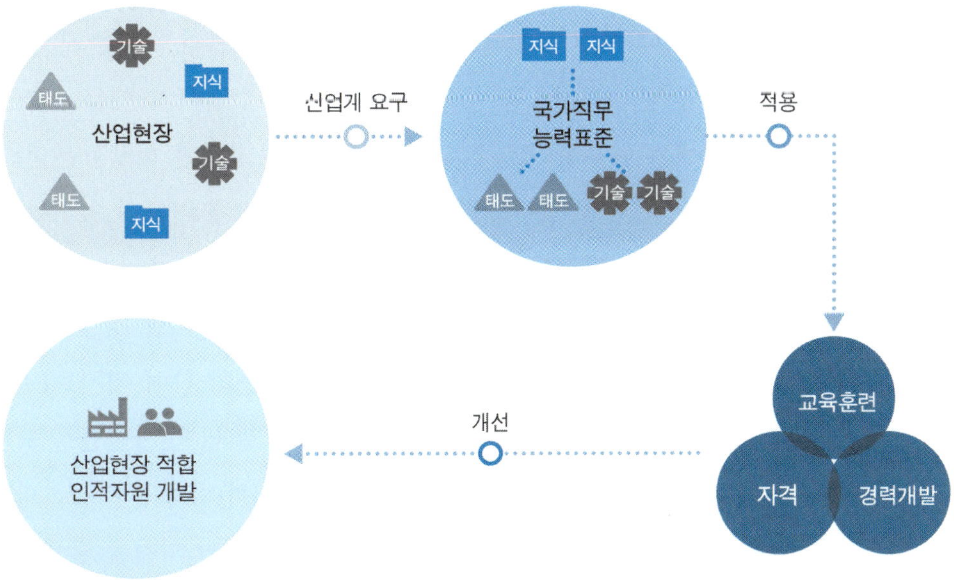

직무능력

- 일을 할 수 있는 On-spec인 능력
- 직업인으로서 기본적으로 갖추어야 할 공통능력
- 해당 직무를 수행하는 데 필요한 역량(지식, 기술, 태도)

머리말

수년간 교육현장에서 협력적 의사소통을 강의해 온 필자는 새로운 학기의 강의 준비 때에 어떻게 하면 학생들의 수업 참여를 적극적으로 할 수 있을까? 어떻게 하면 학생들이 지루해하지 않고, 자신의 생각을 적극적으로 표현할 수 있을까? 또 학생들이 어떻게 하면 자신의 생각을 자신이 생각하고 있는 그대로 설명할 수 있을까 등에 대해 많은 고민을 해왔다. 특히, 전공 필수 과목이 아닌 전공 선택 과목으로서 학생들의 수업참여의 흥미를 유발시킨다는 것은 그리 녹록한 일은 아니었다. 뿐만 아니라 협력적 의사소통 수업은 PASS/FAIL 수업이기 때문에 더욱 학생들의 관심을 끌기에는 어려움이 많았다. 시험 때가 다가오면 학생들은 각자 전공 시험공부를 하느라, 협력적 의사소통 수업은 항상 뒷전에 머물러 있어야 하였다. 그러나 많은 학생들이 자신들이 듣고 싶은 내용이나 흥미가 있는 내용을 강의 시간에 언급하면 열심히 듣고 있다는 것을 보게 되었고, 그러한 것에 초점을 맞춰 강의를 진행하자, 학생들의 관심도가 높아졌고, 학생들의 참여 역시 활발해졌다. 처음에는 일부 학생들이 장난기 섞인 말투나 내용으로 많은 사람들을 당황하게 할 때도 있었으나, 이러한 학생들의 발표나 주장에 대하여 긍정적으로 받아들이고, 존중해 주다 보니 어느 순간부터 많은 학생들이 자신의 의견을 발표하는데 주저함이 사라지게 되는 모습을 살펴볼 수 있었다. 또 문서작성시간을 이용하여 학생들에게 용지를 나누어주고 매번 바뀌는 주제에 대하여 자신의 생각을 간략하게 작성하라고 하였는데, 처음에는 무척 힘들어 하는 모습을 보였으나, 몇 가지 문장 작성요령을 가르쳐 주고 난 후에는 많은 학생들이 말하는 것보다도 더 조리 있게 자신의 생각을 써내려갔다. 이러한 수업시간을 통해 닦여진 그들의 협력적 의사소통능력, 문서작성능력 및 의사표현능력, 경청능력, 기초외국어능력 등은 상당한 발전을 보이고 있는 것을 알 수 있었다.

교양과목으로 배정되어 있는 협력적 의사소통은 우리가 평생 갖추어야 할 내용이고 중요시해야 할 내용이다. 그러나 현실에서는 이러한 중요한 과목임에도 불구하고 전공과목에 치이고 있는 실정이다. 단적인 예로 앞에서도 언급하였지만, 시험 때가 되면 모두 전공시험공부에만 집착하고 있지, 의사소통에 대한 공부는 따로 하지 않고 있는 것으로 학생들이 의사소통을 어떻게 생각하고 있는지에 대해 알 수 있다. 그러나 전공과목은 한 20년 정도 활용한다면 그 효과를 다 했다고 할 수 있지만, 협력적 의사소통은 본인과 평생을 함께 하는 과목이라는 것을 생각할 때 어느 것이 더 중요한지는 쉽게 판단할 수 있을 것이라고 생각한다.

이에 교수자 입장에서 학생들에게 신선하고 흥미진진하게 가르칠 수 있는 방법을 꾸준히 모색한 결과 이 교재를 발행하게 된 것이다. 이 교재의 특징은 사례를 학생들이 공감할 수 있는 내용으로 선별하여 기재하고 있다는 것이다. 협력적 의사소통뿐만 아니라, 학생들이 여러 가지를 생각할 수 있는 내용의 문장을 게재하였기 때문에 이 문장을 읽고 생각만 한다고 해도 학생들의 지적 수준은 상당히 제고될 것이라고 생각한다.

협력적 의사소통에 대한 정답은 따로 없다. 상황에 따라 어떻게 그 상황에 맞게 자신의 의사를 표현하느냐 또는 작성하느냐가 협력적 의사소통의 중요한 부분일 것이다. 그렇다면 어떻게 자신의 의사를 표현하는 것이 서로 간에 소통을 가장 잘 이루어 낼 수 있을 것인가에 대해 생각해 보지 않을 수 없을 것이다. 여기에서 가장 효과적인 의사소통을 하기 위해서는 먼저 해야 하는 것이 있다. 그것은 반드시 상대방의 말에 "경청(傾聽)"하고, "역지사지(易地思之)"한 후에 자신의 생각을 말하는 것을 생활화해야 할 것이다. 자신의 말을 잘 들어주고, 자신을 진심으로 이해해 주고 있는 사람의 말을 안 듣거나 흘려듣는 사람은 많지 않을 것이다. 특히, 상대방을 인정과 존중해 줌으로써 자신도 인정과 존중을 받을 수 있다는 것을 명심해야 할 것이다.

요즈음 우리 사회는 인스턴트 문화의 영향 때문인지, 아니면 핵가족문화의 영향인지 내 생각과 다르면 인정해 주지 않는 풍토가 점점 만연해지고 있는 실정이다. 인정과 포용이 사라지고 있는 메마르고 척박한 사회환경에서 우리는 보다 분명하게 자신의 의사를 명확하게 표출할 수 있어야 별다른 오해를 불러일으키지 않을 것이다. 또 그러한 오해를 불러일으켰다고 할지라도 어떻게 그러한 불화를 소통으로 해결할 수 있는지를 본 교재의 학습을 통해 간접 체험할 수 있는 소중한 기회가 될 것이다.

끝으로 필자가 가장 좋아하는 말로 마무리 맺고자 한다. "기회"는 "변화"에서 오고, 그 "기회"를 잡으면 "성공"할 것이다. 본 교재를 학습하는 모든 학습자 모두가 변화를 통해서 오는 기회를 반드시 잡아, 꼭 성공하기를 기원한다.

차례

1
PART

협력적 의사소통 지도지침

1. 지도의의

모든 직업인들에게 공통적으로 요구되는 협력적 의사소통은 직장에서 업무를 수행하는 직업인에게 중요한 능력이다. 각 개인은 끊임없이 상사, 부하 혹은 직장 동료와 업무를 수행하여야 하고, 다른 사람들에게 도움을 주거나 받아야만 한다. 따라서 직장 내에서 갈등을 원만하게 해결하고, 합리적인 결정을 내릴 수 있도록 직장인 서로 간의 의사소통능력을 갖추는 것은 필수적이다. 이와 같은 협력적 의사소통능력을 함양시키기 위해서는 다음과 같은 사항에 주안점을 두어 지도하는 것이 필요하다.

첫째, 협력적 의사소통능력을 지도하기 이전에 먼저 갈등을 해소해야 한다. 갈등은 세상을 살아나가는 사람이라면 모두가 한번쯤은 직면하게 된다. 갈등(葛藤)은 칡 갈(葛)자와 등나무 등(藤)자로 만들어져 있는데, 서로 복잡하게 뒤엉켜 화합하지 못한다는 것을 표현하고 있다. 얽히고설킨 줄을 푸는 것도 쉽지 않은데, 얽히고설킨 갈등관계를 해결한다는 것은 세상을 살아가는 데 정말 쉽지 않은 일 중의 하나이다. 그러나 이렇게 얽히고설킨 갈등관계를 풀지 않으면 더 큰 문제가 될 수 있기 때문에 어렵지만 풀어내거나 갈등을 제대로 관리해야 하는 것이 아주 중요한 일이다. 이러한 갈등관리능력이 요구되는 상황, 정보를 효과적으로 수집하여 활용하는 방법 등에 대한 가이드라인을 제시해 주는 것이 중요할 것이다.

둘째, 협력적 의사소통능력을 지도함에 있어서 학습자 스스로 의사소통의 필요성을 인식하고 자신의 현재 상태를 점검하고 미래의 업무성과 제고를 위한 계획을 수립할 수 있도록 지원해야 할 것이다. 직장생활에서 각 개인은 끊임없이 협력적 의사소통능력을 발휘해야 하는 상황을 마주하게 되고, 업무의 성과를 높이고자 하지만 이를 위한 협력적 의사소통의 방법이나 필요한 일련의 행동을 알지 못하는 상태에 봉착하기도 한다. 따라서 의사소통능력이 요구되는 상황, 정보를 효과적으로 수집하여 활용하는 방법 등에 대한 가이드라인을 제시해 주는 것이 중요할 것이다.

셋째, 협력적 의사소통을 지도함에 있어 학습자들이 협력적 의사소통능력은 문서이해능력, 문서작성능력, 경청능력, 의사표현능력 및 기초외국어능력을 갖추도록 지도해야 할 것이다. 기초직업능력으로서 의사소통능력은 문서이해능력, 문서작성능력, 경청능력, 의사표현능력 및 기초외국어능력으로 구분할 수 있고, 문서이해능력은 직장생활에서 필요한 문서를 확인하고, 문서를 읽고, 내용을 이해하고, 요점을 파악하는 능력이다. 문서작성능력은 목적과 상황에 적합한 아이디어와 정보를 전달할 수 있는 문서를 작성하는 능력이며, 경청능력은 다른 사람의 말을 주의 깊게 들으며, 공감하는 능력이다. 그리고 의사표현능력은 목적과 상황에 맞는 말과 비언어적 행동을 통해서 아이디어와 정보를 효과적으로 전달하는 능력이며, 마지막으로 기초외국어능력은 직장생활에 있어서 외국어로 된 간단한 자료를 이해하거나, 간단한 외국인의 의사표현을 이해하는 능력을 의미한다. 특히, 글로벌 시대를 표방하는 현재는 기초외국어능력이 더욱 중요시되고 있으며, 기초외국어가 필요한 상황과 비언어적인 의사표현방법, 기초외국어능력 향상을 위한 방법 등 기초외국어능력에 대한 내용이 동시에 활용되어야 한다.

넷째, 협력적 의사소통을 지도함에 있어서 학습자들의 다양한 경험과 요구를 바탕으로 하여, 기초적인 개념과 원리를 간단하고 구체적인 것에서 추상적인 것의 순서로 학습하게 하는 것이 필요할 것이다. 또 학습자들의 경험과 요구를 바탕으로 하여, 기초적인 개념과 원리를 간단하고 구체적인 것에서 추상적인 것의 순서로 학습하게 함으로써, 스스로 자신을 이해하고 관리하는 능력을 배양시키는 것이 필요하다.

다섯째, 협력적 의사소통을 지도함에 있어서 학습자들이 실제 현장에서의 상황에 대처하는 능력을 발휘하도록 하는 것이 중요하다. 전체적인 의사소통능력을 함양시키기 위해서는 의사소통의 필요성과 의사소통이 어떻게 이루어지는지에 중점을 두고 지도해야 한다. 문서이해능력을 함양시키기 위해서는 직업생활에서 필요한 문서가 무엇이고 그것을 어떻게 이해해야 하는지 알도록 하며, 문서작성능력을 함양시키기 위해서는 문서작성의 절차와 과정, 문서작성 시 주의사항 등을 이해할 수 있도록 해야 한다. 경청능력을 함양시키기 위해서는 경청의 바람직한 자세와 경청을 통한 핵심내용을 파악하는 능력, 올바른 경청을 방해하는 요인과 고쳐야 할 습관 등을 파악할 수 있고, 의사표현능력을 함양시키기 위해서는 상황과 대상에 따른 의사표현법과 의사표현을 방해하는 요인, 방해요인을 제거하는 방법을 통해 원활한 의사소통을 위한 의사표현지침을 이해할 수 있도록 해야 한다. 마지막으로 기초외국어능력의 중요성과 필요성, 기초외국어능력이 필요한 다양한 상황과 비언어적인 의사표현 등 업무수행에서 기초외국어능력을 갖추도록 지도해야 한다.

여섯째, 협력적 의사소통을 지도함에 있어서는 학습자들이 의사소통능력을 어느 정도 갖추고 있는지를 정확하게 판단하는 것이 중요할 것이다. 전체적인 의사소통능력을 어느 정도 갖추고 있는지 판단하기 위해서는 의사소통의 개념을 이해하고 다양한 방법을 통해 의사소통을 이해하고 있는지, 효과적으로 의사소통을 하는지 살펴보아야 할 것이다.

결론적으로 협력적 의사소통능력의 지도는 학습자들이 직장생활에서 업무를 수행함에 있어서 자신에게 필요한 의사소통의 특성을 이해하여 적용하는 데 중점을 두어야 하며, 실제 업무상황과 밀접한 사례를 토대로 지도해야 한다.

2. 교육목표

교육목표는 일정한 수업이 이루어진 후 학습자가 최종적으로 획득해야 할 특성을 명확하게 규정해 놓은 것이다. 교육목표는 가르치는 교수자의 입장에서는 교수목표, 배우는 학습자의 입장에서는 학습목표 등으로 다양하게 사용될 수 있다. 그런데 교수목표도 궁극적으로 학습자가 학습목표를 얼마나 성취했는가에 따라 그 달성 여부가 결정되기 때문에 학습자를 중심으로 학습목표로 표현하는 것이 더 일반적이다.

1) 학습목표의 개념

협력적 의사소통능력을 성공적으로 가르치기 위해서는 사전에 계획과 준비를 철저히 해야 하며 이는 학습목표를 설정하는 데서 출발한다. 학습목표는 해당 학습모듈에서 학습자가 최종적으로 성취해야 할 목표를 구체적인 수준에서 측정 가능하고 관찰 가능하게 진술한 것이다. 따라서 협력적 의사소통을 학습하기 위해서 교수자는 '학습자들이 협력적 의사소통을 학습한 후에 무엇을 할 수 있기를 기대하는가?'라는 질문에 고민하고, 학습자와 어떠한 목표를 향해 함께 학습해 나갈 것인가를 정해야 한다.

학습목표는 학습자가 학습과정을 끝마쳤을 때 교수자의 가르침이나 도움을 받지 않고 자기 혼자서 협력적 의사소통을 효과적으로 발휘할 수 있는 상태를 제시하며, 학습자의 학습목표 달성 정도를 평가할 수 있는 기준이 되고, 학습자가 성취하여야 할 학습범위를 제한하고 명확하게 설명해 주며, 교수자가 수업을 체계적으로 전개하기 위한 기본 지침이 된다.

2) 학습목표 설정 시 고려사항

협력적 의사소통능력을 가르치는 데 있어 학습목표를 명확히 제시하지 않으면, 학습자는 어떤 내용을 학습해야 하는지 제대로 알지 못하며 협력적 의사소통능력 학습의 궁극적인 목적인 행동의 변화를 도모할 수 없게 된다. 교수자는 또한 불명확한 학습목표로 인해 어느 단계에서 어떠한 내용을 가르쳐야 하는지 중요한 내용을 지나칠 위험이 있다.

〈표 1〉 직업기초능력으로서의 협력적 의사소통능력표준에 따른 성취수준

구분		성취수준	
협력적 의사소통능력		상	직장생활에서 갈등이 발생하는 원인과 그로 인해 야기되는 여러 가지 어려움에 대해 갈등의 체계적인 관리를 통해 갈등을 완화시키거나 해소하는 방법을 숙지함과 동시에 직장생활에서 제안서, 기술 매뉴얼과 같은 복잡한 내용에의 문서를 읽거나 작성함으로써 정보를 종합하고, 업무 성과를 발표하는 상황에서 논리적으로 의사를 표현한다.
		중	직장생활에서 갈등의 인지와 갈등의 원인을 찾아내어 나름대로의 관리방법을 체계적으로 만들어 나가며, 아울러 직장생활에서 메모, 공문과 같은 기본적인 내용의 문서를 읽거나 작성함으로써 정보를 요약하고, 결과를 보고하는 간단한 상황에서 이해하기 쉽게 의사를 표현한다.
		하	직장생활에서 갈등은 의견의 차이에서 생기게 되는데, 조직을 구성하는 개인과 개인, 개인과 집단, 집단과 집단 간에 발생하게 된다. 이러한 갈등의 원인에 대해 사회적, 심리적 해소에 대한 대처방법을 확인한다. 뿐만 아니라, 직장생활에서 지시문, 메모와 같은 간단한 내용의 문서를 읽거나 작성함으로써 정보를 이해하고, 결과를 보고하는 간단한 상황에서 이해하기 쉽게 의사를 표현한다.
하위능력	갈등관리	상	갈등 원인에 대해 파악하고, 갈등 해소 및 해결에 대한 방법을 제시한다.
		중	무관심, 불만족, 의견불일치 등의 갈등문제에 대해 원인이 무엇인지를 파악하여 확인한다.
		하	무관심, 불만족, 의견불일치 등 갈등의 내용을 이해한다.
	문서이해능력	상	직장생활에서 최신 기술 매뉴얼과 같은 복잡한 업무문서를 읽고, 필요한 정보를 종합한다.
		중	직장생활에서 예산서, 수분서와 같은 기본적인 업무문서를 읽고, 필요한 정보를 요약한다.

하위능력		하	직장생활에서 지시문, 메모와 같은 간단한 업무문서를 읽고, 필요한 정보를 확인한다.
	문서 작성 능력	상	제안서와 프레젠테이션과 같은 복잡한 업무문서를 읽고, 필요한 정보를 확인한다.
		중	메일이나 공문과 같은 기본적인 문서를 형식에 맞게 작성한다.
		하	상사의 지시나 전화 메시지와 같은 간단한 문서를 읽기 쉽게 작성한다.
	경청 능력	상	부서 전체의 회의에서 발표를 듣는 것과 같은 복잡한 업무상황에서 들은 내용을 종합한다.
		중	고객의 주문전화를 받는 것과 같은 간단한 업무상황에서 들은 내용을 요약한다.
		하	상사의 지시를 듣는 것과 같은 간단한 업무상황에서 들은 내용을 이해한다.
	의사 표현 능력	상	업무성과를 발표하는 것과 같은 복잡한 상황에서 논리적으로 의사를 표현한다.
		중	부서의 회의 중 토론을 하는 것과 같은 기본적인 상황에서 주제에 맞게 의사를 표현한다.
		하	상사에게 결과를 보고하는 것과 같은 간단한 상황에서 이해하기 쉽게 의사를 표현한다.
	기초 외국어 능력	상	외국어로 된 메일을 받는 업무상황에서 메일을 직접 읽고 의미를 이해한다.
		중	외국어로 된 메일을 받는 업무상황에서 사전을 활용해서 해석하여 의미를 이해한다.
		하	외국어로 된 메일을 받는 업무상황에서 다른 사람의 도움을 얻어 의미를 이해한다.

3) 학습목표 진술방법

학습목표란 학습자 입장에서 교수목적, 교수내용, 학습자 특성 등을 고려하여 설정되어야 한다. 이러한 학습목표는 구체적인 목표로 다음과 같이 학습자가 학습해야 할 내용(주제)과 도착점 행동을 나타내는 동사로 표현된다.

> 학습목표 = 학습내용(주제) + 도착점 행동(동사)

학습목표는 학습자가 성취해야 할 도착점 행동을 관찰 가능한 동사를 사용해서 진술하는 것이 바람직하다. 이때 관찰 가능한 동사란 "~을 말할 수 있다.", "~을 분류할 수 있다.", "~을 도표로 나타낼 수 있다." 등처럼 관찰 가능한 용어로 표현되는 것을 말한다. 반면, "~을 안다.", "~을 감상하다."와 같이 관찰할 수 없거나 추상적인 용어는 사용하지 않아야 한다.

4) 협력적 의사소통 학습목표

학습목표는 학습자들이 도달해야 하는 도착점 행동과 관련이 있으므로, 학습목표를 설정할 때에는 기초직업능력으로서의 협력적 의사소통능력표준에 제시된 성취수준이 활용될 수 있다. 또한, 학습목표는 일반목표와 세부목표로 구분하여 제시할 수 있으며, 일반목표는 전체 학습내용에 있어서 학습자들이 달성해야 할 포괄적인 목표이고, 세부목표는 일반목표를 구체화 및 상세화한 학습활동별 목표를 의미한다. 여기에서는 기초직업능력으로서 협력적 의사소통능력과 그 하위능력인 갈등관리능력, 문서이해능력, 문서작성능력, 경청능력, 의사표현능력 및 기초외국어능력에 대한 학습목표를 제시하고 있다. 다만, 이 학습목표들은 하나의 예시로 교수자는 학습상황과 학습자의 특성에 따라 적절한 학습목표를 수립하도록 한다.

(1) 협력적 의사소통 학습목표

협력적 의사소통능력의 학습목표를 의사소통능력표준에 제시된 의사소통 성취수준을 토대로 일반목표와 세부목표로 구분하여 예시하면, 협력적 의사소통의 학습내용 중 먼저 갈등관리 측면을 살펴보면 다음과 같다. 우리의 삶에서 갈등이 발생하는 것은 어쩔 수 없는 일이다. 갈등상황에 처하게 되면, 심신상태가 편하지 않은 상태로 지속됨으로써 일상생활에 여러 가지 악영향을 나타낸다. 갈등은 순기능과 역기능을 지니고 있다. 갈등의 순기능은 건강한 긴장상태를 유지하고, 새로운 아이디어를 창조하게 되는 힘으로 작용할 수 있고, 역기능으로서의 갈등은 분열과 비협조적인 형태로 나타나게 된다. 그러므로 갈등에는 역기능과 순기능이 모두 존재하고 있으므로, 갈등을 제대로 관리할 수 있다면, 생활이나 조직에서 창조적인 활동을 가져오는 활력소로서의 역할을 담당할 수 있다.

〈표 2〉 협력적 의사소통 학습목표

구분	학습목표
일반목표	직장생활에서 갈등을 유발시키는 근본적인 문제에 대한 접근을 통해 문제의 근원을 해소하고, 그렇지 못할 경우에는 갈등관리를 하게 됨으로써 순기능적인 측면을 부각시켜 창조적인 측면으로 갈등을 활용하는 능력이며, 의사소통능력이란 직장생활에서 문서를 읽거나 상대방의 말을 듣고 의미를 파악하고, 자신의 의사를 정확하게 표현하고, 간단한 외국어 자료를 읽거나 외국인의 간단한 의사표시를 이해하는 능력이다.
세부목표	1. 갈등관리와 의사소통의 개념과 중요성을 설명할 수 있다. 2. 갈등의 종류와 의사소통의 종류를 설명할 수 있다. 3. 갈등 발생의 요인 및 의사소통 저해요인을 제거할 수 있다. 4. 협력적 의사소통능력을 개발하기 위한 방법을 실천할 수 있다. 5. 기초외국어능력의 필요성을 설명할 수 있다.

(2) 협력적 의사소통 하위능력별 학습목표

협력적 문서이해의 학습내용은 직장생활에서 필요한 문서가 무엇인지 확인하여, 필요한 관리와 필요한 문서를 읽고, 내용을 이해하는 것이며, 도착점 행동은 문서를 통해 업무수행에 필요한 요점을 파악하는 능력을 기를 수 있다는 것이다. 따라서 문서이해능력의 일반목표는 "직장생활에서 필요한 문서를 확인하고, 읽고, 내용을 이해하여 업무수행에 필요한 요점을 파악하는 능력을 기를 수 있다."로 설정할 수 있다. 이러한 일반목표를 달성하기 위한 세부목표로는 문서이해능력의 의미 설명, 문서이해의 중요성 설명, 다양한 문서의 종류와 양식에 대하여 설명, 문서이해를 통해 정보획득, 수집 및 종합방법에 대하여 설명하는 것 등이 포함되도록 설정할 수 있다.

〈표 3〉 문서이해능력 학습목표

구분	학습목표
일반목표	직장생활에서 필요한 문서를 확인하고, 읽고, 내용을 이해하여 업무수행에 필요한 요점을 파악하는 능력을 기를 수 있다.
세부목표	1. 문서이해능력의 의미에 대하여 설명할 수 있다. 2. 문서이해의 중요성에 대하여 설명할 수 있다. 3. 다양한 문서의 종류와 양식에 대하여 설명할 수 있다. 4. 문서이해를 통해 정보획득, 수집 및 종합방법에 대하여 설명할 수 있다.

문서작성능력의 학습내용은 직업생활에서 목적과 상황에 적합한 아이디어와 정보를 찾아내고 전달하는 것이며, 도착점 행동은 이를 바탕으로 문서를 작성할 수 있다는 것이다. 따라서 문서작성능력의 일반목표는 "직장생활에서 목적과 상황에 적합한 아이디어와 정보를 전달할 수 있는 문서를 작성하는 능력을 기를 수 있다."로 설정할 수 있다. 이러한 일반목표를 달성하기 위한 세부목표로는 문서작성의 개념 및 중요성, 문서작성의 절차와 과정, 문서작성 시 주의사항을 설명하고, 효과적인 문서작성의 예시가 포함되도록 설정할 수 있다.

〈표 4〉 문서작성능력 학습목표

구분	학습목표
일반목표	직장생활에서 목적과 상황에 적합한 아이디어와 정보를 전달할 수 있는 문서를 작성하는 능력을 기를 수 있다.
세부목표	1. 문서작성의 개념 및 중요성을 설명할 수 있다. 2. 문서작성의 종류 및 목적과 상황에 따른 예시를 설명할 수 있다. 3. 문서작성의 절차와 과정을 설명할 수 있다. 4. 문서작성 시 주의사항을 설명할 수 있다. 5. 효과적인 문서작성의 예시를 이해할 수 있다.

경청능력의 학습내용은 다른 사람의 말을 주의 깊게 듣고 공감하는 것이며, 도착점 행동은 적절하게 반응하는 능력을 기를 수 있다는 것이다. 따라서 경영이해능력의 일반목표는 "다른 사람의 말을 주의 깊게 듣고 공감하며 적절하게 반응하는 능력을 기를 수 있다."로 설정할 수 있다. 이러한 일반목표를 달성하기 위한 세부목표로는 경청의 개념 및 중요성 설명, 올바른 경청을 방해하는 요인 찾기, 경청의 바람직한 자세에 대해 설명, 대상과 상황에 따른 경청법 파악 및 훈련방법이 포함되도록 설정할 수 있다.

〈표 5〉 경청능력 학습목표

구분	학습목표
일반목표	다른 사람의 말을 주의 깊게 듣고 공감하며 적절하게 반응하는 능력을 기를 수 있다.
세부목표	1. 경청의 개념 및 중요성을 설명할 수 있다. 2. 올바른 경청을 방해하는 요인을 찾을 수 있다. 3. 경청의 바람직한 자세에 대해 설명할 수 있다. 4. 대상과 상황에 따른 경청법을 파악하고, 훈련방법을 설명할 수 있다.

의사표현능력의 학습내용은 목적과 상황에 맞는 말과 비언어적 행동을 통해 아이디어와 정보를 찾아내는 것이며, 도착점 행동은 찾아낸 아이디어와 정보를 효과적으로 전달하는 능력을 기르는 것이다. 따라서 업무이해능력의 일반목표는 "목적과 상황에 맞는 말과 비언어적 행동을 통해서 아이디어와 정보를 찾고, 이를 효과적으로 전달하는 능력을 기를 수 있다."로 설정할 수 있다. 이러한 일반목표를 달성하기 위한 세부목표로는 의사표현의 개념 및 중요성 설명, 의사표현의 방해요인과 제거방법 설명, 원활한 의사소통을 위한 지침 수립, 설득력 있는 의사표현의 기본요소 및 특성 설명이 포함되도록 설정할 수 있다.

〈표 6〉 의사표현능력 학습목표

구분	학습목표
일반목표	목적과 상황에 맞는 말과 비언어적 행동을 통해서 아이디어와 정보를 찾고, 이를 효과적으로 전달하는 능력을 기를 수 있다.
세부목표	1. 의사표현의 개념 및 중요성을 설명할 수 있다. 2. 의사표현의 방해요인과 제거방법을 설명할 수 있다. 3. 원활한 의사소통을 위한 지침을 수립할 수 있다. 4. 설득력 있는 의사표현의 기본요소 및 특성을 설명할 수 있다.

기초외국어능력의 학습내용은 외국어로 된 간단한 자료를 이해하거나, 간단한 외국인의 의사표현을 이해하는 것이며, 도착점 행동은 자신의 업무와 관련하여 필요한 기초외국어능력을 기르는 것이다. 따라서 업무이해능력의 일반목표는 "외

국어로 된 간단한 자료를 이해하거나, 간단한 외국인의 의사표현을 이해하고, 자신의 업무와 관련하여 필요한 기초외국어능력을 기를 수 있다."로 설정할 수 있다. 이러한 일반목표를 달성하기 위한 세부목표로는 기초외국어능력의 개념 및 필요성 설명, 기초외국어능력이 필요한 상황과 종류 설명, 비언어적 표현방법의 유형과 효과 설명, 기초외국어능력 향상을 위한 교육방법의 선택이 포함되도록 설정할 수 있다.

〈표 7〉 기초외국어능력 학습목표

구분	학습목표
일반목표	외국어로 된 간단한 자료를 이해하거나, 간단한 외국인의 의사표현을 이해하고, 자신의 업무와 관련하여 필요한 기초외국이능력을 기를 수 있다.
세부목표	1. 기초외국어능력의 개념 및 필요성을 설명할 수 있다. 2. 기초외국어능력이 필요한 상황과 종류를 설명할 수 있다. 3. 비언어적 표현방법의 유형과 효과를 설명할 수 있다. 4. 기초외국어능력 향상을 위한 교육방법을 선택할 수 있다.

3. 내용체계 및 시간

내용체계란 의사소통을 지도함에 있어서 필수적으로 다루어져야 할 기본적인 개념, 원리, 방법, 사례 등의 교육내용을 체계화한 것이다. 의사소통을 지도할 때 포함되어야 할 내용은 의사소통능력에 요구되는 지식(knowledge), 기술(skill), 상황 및 도구(condition)이다. 여기서 지식은 산업체 종사자가 의사소통능력과 해당 하위능력을 갖추기 위해서 필요한 지식, 기술은 산업체 종사자가 의사소통능력과 해당 하위능력을 갖추기 위해서 필요한 기술, 상황은 의사소통능력과 해당 하위능력이 요구되는 업무상황과 하위능력에 필요한 도구를 의미한다.

이 매뉴얼의 내용체계는 〈표 8〉의 의사소통능력표준(한국산업인력공단, 2005)에서 제시된 지식, 기술, 상황을 토대로 설정되었다. 의사소통능력표준에서 제시된 의사소통능력의 지식, 기술, 상황 등의 선정은 미국의 SCANS, 호주의 Mayer위원회, 영국의 AQA 등의 기초직업능력표준과 하위능력요소를 분석하고 전문가 집단의 타당성 검토를 받아 이루어졌다. 의사소통능력 학습활동은 표준의 지식, 기술, 상황에서 제시된 핵심적 용어를 중심으로 주요 용어를 기술하고, 기본 교육내용에 따라 학습내용이 구성되었으며, 학습평가 성취수준을 마련하였다.

〈표 8〉 의사소통능력 하위능력별 교육내용으로서의 지식, 기술, 상황

하위능력	교육내용	
문서 이해 능력	K(지식)	• 문서이해의 개념 및 중요성 • 문서의 종류 및 양식 이해 • 문서이해의 구체적인 절차와 원리 • 문서를 통한 정보획득 및 종합방법의 유형
	S(기술)	• 문서의 종류에 따른 문서 읽기 • 문서에서 핵심내용 파악 • 주어진 정보의 관련성과 의도 파악 • 문서 읽기를 통한 정보 수집, 요약, 종합
	C(상황)	• 상사의 지시문이나 메모를 읽는 경우 • 업무 처리를 위한 기술 매뉴얼을 확인하는 경우 • 고객의 예산서와 주문서를 확인하는 경우 • 업무 보고서를 통해서 정보를 획득하는 경우 • 메일이나 공문을 처리해야 하는 경우
문서 작성 능력	K(지식)	• 체계적인 문서작성의 개념 및 중요성 • 목적과 상황에 맞는 문서작성의 유형 • 문서의 종류와 양식 이해 • 문서작성의 구체적인 절차와 원리 • 논리적인 문장전개방법의 유형 • 효과적인 내용구성방법의 유형
	S(기술)	• 문서의 종류에 따른 적절한 문서작성 • 문서작성에 적합한 문체와 어휘 사용 • 논리적인 체계를 사용한 문서작성 • 문서작성에서 강조점 표현방법

<table>
<tr><td rowspan="2"></td><td></td><td>• 논리적인 문장 전개
• 목적에 적합한 적당한 분량 설정
• 시각적 표현과 연출
• 작성한 문서의 수정</td></tr>
<tr><td>C(상황)</td><td>• 업무 중 프로젝트나 연구과제의 결과를 문서로 제시하는 경우
• 소비자와 고객의 요구를 문서화하는 경우
• 동료와 정보 및 의견을 공유하는 경우
• 산출물을 디자인하고 제시하는 경우
• 상사의 지시와 전화메시지를 기록하는 경우
• 상대방에게 메일이나 공문을 발송하는 경우</td></tr>
<tr><td rowspan="3">경청 능력</td><td>K(지식)</td><td>• 경청능력의 중요성과 개념
• 대화과정에서 효과적인 경청방법의 이해
• 상대방의 말을 듣는 바람직한 자세의 이해
• 지시사항에 대한 적절한 반응방법의 이해
• 지시사항을 재확인하는 방법의 이해</td></tr>
<tr><td>S(기술)</td><td>• 상대방의 말을 주의 깊게 듣고 반응
• 상대방의 의도 파악
• 대화과정에서 숨은 의미를 파악
• 대화과정에서 상대방 격려
• 대화과정에서 상대방과 친밀감과 신뢰감 조성
• 대화과정에서 적절한 시선 처리
• 비언어적인 신호를 파악
• 상대방의 입장 이해
• 상사의 지시사항을 듣고 확인</td></tr>
<tr><td>C(상황)</td><td>• 업무수행과정에서 상사의 지시를 받는 경우
• 제품판매, 서비스 문의 등으로 고객을 대하는 경우
• 조직구성원과 회의하는 경우
• 업무결과에 대한 상대방의 의견을 듣는 경우
• 업무수행과정에서 상대방과 의견을 조율해야 하는 경우</td></tr>
<tr><td rowspan="2">의사 표현 능력</td><td>K(지식)</td><td>• 정확한 의사전달의 중요성
• 의사표현의 기본 원리
• 효과적인 의사표현방법의 유형
• 설득력 있는 화법의 특징 및 요소
• 상황과 대상에 따른 화법의 이해
• 비언어적 의사표현방법 이해</td></tr>
<tr><td>S(기술)</td><td>• 주제, 상황, 목적에 적합한 의사표현
• 자신 있고 단정적인 의사표현</td></tr>
</table>

<table>
<tr><td rowspan="2"></td><td></td><td>• 간단명료한 의사표현
• 중요한 부분을 반복하여 제시
• 목소리의 크기, 억양, 속도의 변화
• 상황에 대한 적절한 질문
• 대화를 구조화하는 기술
• 적합한 이미지와 어휘, 표현 사용
• 상황에 적합한 비언어적 의사표현</td></tr>
<tr><td>C(상황)</td><td>• 업무 중 상사의 지시를 확인하는 경우
• 소비자와 고객에게 제품을 소개하고 판매하는 경우
• 동료와 정보 및 의견을 공유하는 경우
• 업무 결과를 발표하는 경우
• 업무수행과정에서 상대방에게 질문하는 경우
• 회의에서 상대방을 설득시키는 경우</td></tr>
<tr><td rowspan="3">기초
외국어
능력</td><td>K(지식)</td><td>• 기초적인 외국어 회화에 대한 지식
• 비언어적 의사표현방법의 유형
• 외국 문화에 대한 이해</td></tr>
<tr><td>S(기술)</td><td>• 기초적인 외국어로 된 자료 읽기 방법
• 외국인을 대하는 방법 습득
• 기초적인 외국어 회화 기술
• 사전 활용방법 습득</td></tr>
<tr><td>C(상황)</td><td>• 업 상황에서 외국어로 된 메일을 확인하는 경우
• 외국어로 된 관련 자료를 읽는 경우
• 외국산 제품의 사용방법을 확인해야 하는 경우
• 외국인으로부터 걸려온 전화를 받는 경우
• 외국인 고객을 상대하는 경우</td></tr>
</table>

의사소통능력 교육내용 선정은 우선 〈표 8〉의 지식, 기술, 상황 및 도구를 주제 중심으로 분류한다. 그리고 교육목표를 달성하기에 핵심이 되는 내용을 선정해야 한다. 교육내용이 선정된 후에는 내용의 계속성, 계열성, 통합성을 고려해서 적절하게 조직해야 한다. 이러한 의사소통능력의 교육내용은 협력적 의사소통능력, 문서이해능력, 문서작성능력, 경청능력, 의사표현능력, 기초외국어능력에 관한 것으로 〈표 9〉와 같다.

협력적 의사소통은 협력적 의사소통의 개념과 협력적 의사소통능력을 향상시키는 방법에 대한 전반적인 내용을 다루는 것이다. 따라서 협력적 의사소통의 개념과 의사소통능력을 향상시키는 방법에 대한 전반적인 내용을 다루는 것이다. 문서이해능력은 직장생활에서 필요한 문서를 확인하고, 읽고, 내용을 이해하여 업무수행에 필요한 요점을 파악하는 능력을 기르는 것을 주요 교육내용으로 다루고 있으며, 문서이해능력의 개념 및 중요성, 다양한 문서의 종류와 그에 따른 이해방법, 문서이해의 구체적인 절차와 원리, 문서이해를 통한 정보획득, 수집, 종합방법을 교육내용으로 선정할 수 있다. 문서작성능력은 목적과 상황에 적합한 정보를 전달할 수 있는 문서를 작성하는 것을 주요 교육내용으로 다루고 있으며, 문서작성의 개념 및 중요성, 문서작성의 종류 및 목적과 상황에 따른 예시, 문서작성의 절차와 과정, 문서작성 시 주의사항, 효과적인 문서작성 예시를 주요 교육내용으로 선정할 수 있다. 경청능력은 다른 사람의 말을 주의 깊게 들으며, 공감하고 반응하는 능력을 기르는 것을 주요 교육내용으로 다루고 있으며, 경청의 개념 및 중요성, 올바른 경청을 방해하는 요인, 경청의 바람직한 자세, 대상과 상황에 따른 경청방법 및 훈련방법을 교육내용으로 선정할 수 있다. 의사표현능력은 목적과 상황에 맞는 말과 비언어적 행동을 통해 정보를 효과적으로 전달하는 능력을 기르는 것을 주요 교육내용으로 다루고 있으며, 의사표현의 개념 및 중요성, 의사표현의 방해요인과 제거방법, 원활한 의사소통을 위한 지침, 설득력 있는 의사표현의 기본요소 및 특성을 교육내용으로 선정할 수 있다. 기초외국어능력은 외국어로 된 간단한 자료를 이해하거나 간단한 외국인의 의사표현을 이해하는 능력을 기르는 것을 주요 교육내용으로 다루고 있으며, 기초외국어능력의 개념 및 중요성, 기초외국어능력이 필요한 상황과 종류, 비언어적 표현방법의 유형과 효과, 기초외국어능력 향상을 위한 교육방법을 교육내용으로 선정할 수 있다.

〈표 9〉 협력적 의사소통능력의 교육내용과 소요시간

교육내용		소요시간
협력적 의사소통	협력적 의사소통의 개념 및 유형	2~3시간
	협력적 의사소통능력의 필요성	
	협력적 의사소통의 종류	
	협력적 의사소통능력 개발을 위한 TIP	
문서이해 능력	문서이해능력의 개념 및 중요성	2~3시간
	다양한 문서의 종류와 그에 따른 이해방법	
	문서이해의 구체적인 절차와 원리	
	문서이해를 통한 정보획득, 수집, 종합방법	
문서작성 능력	문서작성의 개념 및 중요성	2~3시간
	문서작성의 종류 및 목적과 상황에 따른 예시	
	문서작성의 절차와 과정	
	문서작성 시 주의사항	
	효과적인 문서작성 예시	
경청 능력	경청의 개념 및 중요성	2~3시간
	올바른 경청을 방해하는 요인	
	경청의 바람직한 자세	
	대상과 상황에 따른 경청방법 및 훈련방법	
의사표현 능력	의사표현의 개념 및 중요성	2~3시간
	의사표현의 방해요인과 제거방법	
	원활한 의사소통을 위한 지침	
	설득력 있는 의사표현의 기본요소 및 특성	
기초 외국어 능력	기초외국어능력의 개념 및 필요성	2~3시간
	기초외국어능력이 필요한 상황과 종류	
	비언어적 표현방법의 유형과 효과	
	기초외국어능력 향상을 위한 교육방법	

4. 교수방법

교수방법이란 교육목표를 달성하기 위해서 학습활동을 효과적으로 지도하기 위한 방법을 의미한다. 협력적 의사소통능력을 지도하기 위해서는 우선 지도방향을 설정하고, 이에 따라 효과적인 교수방법을 활용하는 체계적인 교수설계가 이루어져야 한다.

1) 협력적 의사소통 지도방향

협력적 의사소통 교수방법의 방향은 지식의 이해와 고차원적 사고력의 신장, 실생활과 관련된 교수학습, 수준별 지도, 다양한 교수방법의 활용으로 요약할 수 있다.

(1) 지식의 이해와 고차원적 사고력의 신장

협력적 의사소통능력에 대한 수업은 단순한 암기 위주의 수업이 되어서는 안 된다. 암기 위주의 수업에서 획득되는 지식의 종류는 특정한 장소와 시간에 관한 지식, 즉 단편적인 지식이 될 것이다. 이에 비하여, 이해를 통하여 얻어지는 지식은 일반화, 원리, 법칙과 같은 고차원적인 지식이며, 의사소통능력을 향상시키기 위한 수업에서 획득해야 할 지식은 후자이다. 협력적 의사소통능력에 관한 현상을 '이해'한다는 것은 겉으로 드러난 현상을 아는 데 그치는 것이 아니라, 그 현상이 왜 일어났는가를 설명할 수 있어야 한다. 따라서 이러한 현상에 들어 있는 요소들 사이의 관계를 파악하고, 원인과 결과를 밝히며, 추론을 함으로써, 고차원적인 사고력을 신장해야 한다. 따라서 이러한 사고력을 기를 수 있는 교수학습이 이루어져야 한다.

(2) 실생활과 관련된 교수학습

협력적 의사소통에 관한 지식은 본래 실제 직장생활과 업무상황에서 발생하는 현상을 잘 관찰하여 얻어진 것들이다. 즉, 실제 현장에서 일어나는 많은 사례들을 관찰한 후 지식을 얻는 것이 바람직하다. 그러나 실제 수업상황에서는 이와는 그 순서가 역으로 된다. 즉, 교수자가 기존에 확립되어 있는 지식을 먼저 학습자들에게 이해시키는 것이다. 그러다 보니 학습자들이 추상적인 지식을 무조건 받아들이게 되는 문제가 나타난다. 따라서 교수자가 설명을 할 때에는 실제 현장에서 일어나고 있는 사례를 예로 드는 것이 필요하다. 그러기 위해서는 교수자가 문제가 발생하는 상황에 대해 관심을 가지고, 그것들에 대해 학습자들이 어떻게 반응하고 있는지를 생각해야 한다. 또 학습자들이 배운 내용을 실제 현장에서 적용시키는 활동을 많이 하게 하는 것이 필요하다.

(3) 수준별 지도

협력적 의사소통에 대한 수업을 위해서는 수준별 지도를 하는 것이 바람직하다. 수준별 교수학습을 위해 전체 학습자들이 배워야 하는 기본내용과 학습자의 속도를 감안한 보충내용 및 심화내용으로 나누어야 한다. 특히, 심화내용에서는 앞에서 배운 지식을 실제 생활에 적용해 볼 수 있는 내용, 공간적·시간적으로 확대해 볼 수 있는 내용, 하나의 프로젝트 등 다양한 형식을 생각해 볼 수 있다.

(4) 다양한 교수방법의 활용

효과적인 수업이 되기 위해서는 다양한 교수방법을 사용해야 한다. 다양한 교수-학습방법을 활용함으로써 학습자들의 관심과 흥미를 제고시키고 학습의 능률을 향상시키는 데 도움을 주어야 한다. 또한 수업내용에 따라 질문, 조사, 토의, 관찰 및 면담, 현장견학, 모형 제작, 실험, 역할놀이, 시뮬레이션 게임과 같은 다양한 교수방법을 활용해야 한다.

2) 효과적인 협력적 의사소통 지도를 위한 교수방법

협력적 의사소통능력을 향상시키기 위한 교수방법으로는 강의식과 같은 직접 교수방법보다 학습자들의 경험을 통해 자신을 발견하고 계획을 수립할 수 있도록 문제 중심 학습, 프로젝트 학습, 역할극, 프로그램 학습, 시뮬레이션 학습 등이 적절하다.

(1) 문제 중심 학습(Problem Based Learning: PBL)

문제 중심 학습은 실제적인 문제를 중심으로 수업상황을 구조화하는 방법이다. 학습자들이 소그룹 학습에 능동적으로 참여하여 문제를 협력적이고 자기 주도적으로 해결하고, 이를 통해 문제해결능력을 기르도록 하는 교수 학습 형태로서 '문제에 대한 이해와 문제해결을 위해 이루어지는 활동과정에서 산출되는 학습'을 의미한다. 문제 중심 학습을 이용한 수업에서 교수자는 학습자들이 생각하고 있는 것이 무엇인지 질문해보며, 학습과정을 모니터링하고, 학습자들에게 도전적인 마음을 심어주고, 학습자들이 그룹활동에 잘 참여하도록 도와주는 등의 활동을 통하여 촉진자, 안내자, 동료 학습자, 멘토, 코치, 전문적 조언자로서의 역할을 수행해야 한다. 또한 먼저 전체 학습과정에 대한 시연(modeling)을 하고 그 뒤에 부분적으로 학습자의 학습활동에 대한 촉진자(facilitator)의 역할을 하며 궁극적으로는 학습에 개입하지 않도록 한다. 특히, 시연부분에서 주의할 것은 교사의 생각이나 행동을 학습자들이 모방하거나 습득할 객관적 기준으로 여기지 않도록 하며, 교사의 시연은 단지 여러 다양한 학습자원 중의 하나임을 분명히 하는 것이 중요하다.

(2) 프로젝트 학습(Project Learning)

프로젝트 학습(Project Learning)은 특정 주제에 대한 심층 연구로서, 소집단 혹은 전체 학습자들이 학습할 가치가 있는 특정 주제에 대한 심층 연구로서, 학습자들이 서로 협력하면서 심층적으로 연구하는 목적 지향적 학습활동이다. 이런 프로젝트 학습은 학습자가 학습의 전 과정에 주도적으로 참여하는 활동으로, 주도적으로 참여한다는 말은 학습자가 학습의 전 과정에 의사결정권을 행사할 수 있는 기회를 가지며, 또한 학습에 대한 책임도 동시에 가진다는 것을 의미한다. 또한 주제, 제재, 문제, 쟁점 등에 관한 탐구활동과 그 결과에 대한 표현활동이다. 프로젝트 학습에서 탐구활동이란 문헌조사, 현상조사(현장활동과 견학활동), 현상실험, 자원인사 면담 등의 다양한 방법을 활용하고 그 결과를 토의하고 분류하고 정리하는 활동을 의미한다. 그리고 표현활동이란 문집, 그림, 구성물, 멀티미디어 등의 자료형식을 만들고, 이를 동료와 교사에게 발표하기, 전시하기, 극 활동하기와 같은 다양한 방법으로 제시하는 활동을 의미한다. 프로젝트 학습이 잘 진행되게 하기 위해서는 교수자가 학습능력이 각기 다른 학습자들이 동일한 학습 목표를 향하여 소집단 내에서 함께 활동할 수 있도록 역할분담을 잘 해야 한다.

(3) 역할극

역할극(role-playing)은 어떤 가상적인 역할을 수행하게 함으로써 문제시되는 태도나 행동을 변화시키려는 기법의 일종으로 정서적 역할놀이이다. 즉, 어떤 행동적인 경험, 다시 말해 어떤 모델 속의 실제 인물이라는 가정하에 행하는 행동을 통한 문제해결 교수방법으로 학습자의 능동적인 참여를 바탕으로 한 학습효과를 기대한다. 역할극(role-playing)의 두 가지 기본 형태는 방법 중심 역할극 모델과 발전적 역할극 모델로 구분할 수 있다. 방법중심 역할극 모델은 학습자가 제시된 상황에 적절하게 대처할 수 있도록 타당하고 일관성 있는 테크닉을 단기적으로 학습하게 하는 데 그 목적이 있으며, 적용 가능한 상황의 예로는 사무실 전화응대, 신입생 등록 및 환자 입원절차, 세일즈맨의 고객 불만처리법, 서비스업체에서 고객을 다루는 법, 일상적인 은행업무 처리방법 등이 있다. 발전적 역할극 모델은 문제상황에서 야기된 감정과 태도를 탐구하여 역할 연기자가 자신과 타인에 대한 이해를 넓혀가도록 하는 데 그 목적이 있으며, 의사소통능력에 대한 교수에서는 자신의 특성을 발견하도록 하는 데 사용될 수 있을 것이다.

(4) 프로그램 학습

프로그램(Program) 학습은 복잡한 행동을 학습시키려면 간단한 행동으로 분석하고 그것을 단계적으로 계속하여 목표에 접근할 수 있도록 강화함으로써 목적한 바를 이루는 학습방법이다. 프로그램 학습을 하기 위해서 교수자는 교재의 내용을 되도록 작은 격차(small step)의 방법으로 분석해서 제시하며, 교재는 다만 제시하는 것으로 그치지 않고 학습자가 응답하고 처리하도록 제시하고, 제시된 내용에 대해서 학습자는 옳고 틀림의 응답을 표해야 하며, 각 학습단계를 자기 능력으로 통과하도록 해야 한다. 이러한 프로그램 학습의 단계는 대체로 ① 문제의 제시, ② 반응, ③ 측정, ④ 정착과 피드백의 과정을 거쳐 수행된다.

(5) 시뮬레이션 학습

시뮬레이션(simulation) 학습은 가상적인 상황을 만들어 그 해결책을 마련해 현실에 적용해 보는 학습 형태이다. 시뮬레이션 학습을 위해서 교수자는 상호작용을 통한 교수보다 관리자 기능을 해야 하며, 이는 무엇을 배우고 경험하는지를 인식시키고, 학습내용에 대한 설명, 심판, 코칭, 논의를 해야 한다. 시뮬레이션 학습을 위한 단계는 ① 오리엔테이션, ② 참가자 훈련, ③ 활동 전개, ④ 참가자의 결과에 대한 논의를 거쳐서 수행되며, 실제의 환경을 단순한 요소들로 재구성하여 학습함으로써, 학습자가 자발적인 시행착오를 경험하도록 해야 한다.

(6) 신문활용교육

신문활용교육(Newspaper in Education: NIE)은 신문을 교재 또는 보조교재로 활용하여 지적인 성장을 도모하고 학습효과를 높이기 위한 교육방법이다. 신문에는 매일 다양한 분야의 새로운 정보가 실리므로 이를 활용하면 유익하고 실용적인 교육이 가능하다. 따라서 교수자는 학습자로 하여금 신문의 기능과 역할, 제작과정을 개론적 수준에서 이해하여 바르고 정확한 정보를 취사선택하는 방법을 스스로 터득할 수 있도록 하는 학습에도 중점을 둘 필요가 있다. 교수자는 학습자의 수준이나 목표에 따라 신문기사를 활용하는 방법, 사진을 활용하는 방법, 시사만화를 활용하는 방법, 광고를 활용하는 방법과 신문의 형식 자체를 활용하는 방법을 선택할 수 있으나 가장 주된 방법은 정보가 가장 많이 들어 있는 기사를 활용하는 것이 일반적이다. 신문활용교육은 학습자에게 다양한 정보와 현상에 대한 이해, 간접적 경험 등 다양한 교수자료를 제공해 주기 때문에 학습자들의 종합적인 사고 및 학습능력 향상, 문제해결 및 의사결정능력 배양, 정보 및 자료의 검색, 분석, 종합, 활용능력의 제고를 가능하게 한다.

(7) 이러닝(Electronic learning: E-Learning, 전자교육)

이러닝(E-Learning)은 인터넷을 활용하여 개인 및 조직의 목적과 연결되는 학습 경험과 네트워크 기술을 이용하여 상호작용하는 자기주도적인 학습활동이다. 이러닝은 기존의 일방적인 지식의 전달과 습득을 위한 교수자 중심의 교육방식에서 학습자 스스로가 능동적으로 학습할 수 있도록 하기 위한 학습자 중심의 교육방법이다. 즉, 이러닝은 학습자가 개인의 학습목표에 도달할 수 있도록 돕기 위해 정보와 교수기법이 포함되어 있는 내용을 오디오나 텍스트, 그리고 시연, 사진, 애니메이션 또는 비디오와 같은 그림을 사용할 수 있는 컴퓨터를 통해서 전달되는 교수-학습방식을 의미한다. 따라서 이러닝을 구현하기 위해서는 ① 콘텐츠(contents), ② 인프라(Connectivity), ③ 학습공동체(Community)가 필요하다. 콘텐츠는 학습내용과 이를 지원하는 학습자원을 의미하며, 인프라는 학습자와 콘텐츠를 연결하는 데 필요한 각종 전달체제 및 이러닝 지원 시스템을 의미하며, 학습공동체는 학습을 위해, 인프라와 콘텐츠를 기반으로 원활한 커뮤니케이션을 통해 협력하는 학생, 교수자, 운영자로 이루어진 공동체를 의미한다.

5. 학습평가

학습평가는 학습한 후에 학습자가 학습목표를 얼마나 성취했는지를 확인하는 것으로, 학습이 진행되고 있는 동안 학습자에게 피드백을 주거나, 학습이 모두 끝난 후에 전체적으로 학습목표의 달성도를 평가하기 위한 것이다.

1) 협력적 의사소통 학습평가영역

협력적 의사소통에 대한 학습목표는 인지적 영역, 정의적 영역, 심동적 영역으로 대분될 수 있다. 따라서 학습평가영역은 인지적 · 정의적 · 심동적 영역으로 구분하여 볼 수 있다.

(1) 인지적 영역

협력적 의사소통 학습자용 워크북에서 다루는 인지적 영역은 사실적 지식과 일반화 원리의 두 가지로 나눌 수 있다. 사실적 지식이란 특정 공간과 시간에 일어난 사건에 관한 지식을 말한다. 이전에는 사실에 관한 지식을 평가할 때는 주로 지식을 검사(test)해 왔다. 그러나 사실에 관한 지식은 여러 사회현상을 설명해 주지 못하며 그 수명도 짧다. 반면에 일반화 원리는 사실적 지식보다 상위의 지식이다. 일반화는 개념과 개념 사이의 원리를 나타낸다. 일반화 원리는 사실적 지식보다 적용 가능성이 더 넓기 때문에 상위의 지식이라 할 수 있으며, 협력적 의사소통능력의 학습을 평가할 때에도 중요하게 다루어져야 하는 종류의 지식이다. 지식을 사실적 지식과 일반화 · 원리의 두 층으로 나눈다면, 전자를 습득하는데 사용되는 인지작용은 주로 암기 이하의 수준이며, 후자를 습득하는 데 사용되는 인지작용은 적용, 분석, 종합, 평가일 것이다. 따라서 학습자의 협력적 의사소통능력의 인지적 영역에 대한 평가는 일반화 원리 위주로 평가되어야 한다.

(2) 정의적 영역

정의적 영역이란 태도, 흥미, 감상 및 적응방식에 관한 것이다. 협력적 의사소통능력 학습에서의 정의적 영역으로는 문서작성계획 수립, 자신의 경험 반성, 문서작성의 절차와 과정 등을 들 수 있다. 이러한 협력적 의사소통능력의 정의적 영역의 평가방법은 지필평가보다는 관찰평가나 포트폴리오 같은 방법이 더 적절하다. 정의적 영역을 평가하기 위해서는 그 기능이 발휘되는 장면을 포착하여 그것을 누적하여 기록해 가는 방법이 좋다.

(3) 심동적 영역

심동적 영역은 협력적 의사소통능력 학습평가에서 중요한 목표이지만, 평가하기는 어려운 영역이다. 일반적으로 심동적 영역이란 행동의 어떤 성향을 나타낸다. 예를 들어, 다른 사람의 의견에 대한 관용의 태도라고 하면, 자기와 다른 의견을 받아들이거나 자기 의견을 강요하지 않는 행동을 말한다. 따라서 협력적 의사소통능력에서 심동적 영역을 평가하기 위해서는 협력적 의사소통방법이나 원리를 실천하고 습관화한 정도를 평가한다. 이러한 심동적 영역의 평가방법은 관찰법이 바람직하다. 특히, 태도나 행동은 '지어서'해 보일 수가 있으므로, 피평가자가 평가를 의식하고 있으면 참된 평가를 할 수 없다. 그러므로 협력적 의사소통능력의 심동적 영역에 대한 평가는 학습자가 알지 못하는 가운데 평소에 꾸준히 이루어지는 것이 바람직하다. 그리고 그것을 체크리스트 같은 것에 누적하여 기록해 나가는 것이 좋다.

2) 협력적 의사소통 학습평가의 절차

협력적 의사소통 학습평가는 ① 교육목표의 이해 및 성취기준의 구체화, ② 평가기준의 명료화, ③ 평가도구의 개발, ④ 평가 실시 및 결과 활용의 절차를 거쳐 수행된다.

(1) 교육목표의 이해 및 성취기준의 구체화

협력적 의사소통 학습평가를 하기 위해서는 먼저 교육체계상의 목표와 내용을 잘 이해하여야 한다. 그런데 한 학습모듈을 교수-학습해 나갈 때는 학습모듈을 좀 더 상세하게 작성할 필요가 있는데, 이를 성취기준이라고 한다. 즉, 성취기준이란 교수-학습에서 실질적인 기준 역할을 할 수 있도록 학습모듈을 구체화하여 학생들이 성취해야 할 능력 혹은 특성의 형태로 진술한 것이다. 성취기준은 내용(contents)과 활동수행(performance)의 두 가지 요소를 포함해야 한다. 내용이란, 예를 들어 '협력적 의사소통의 의미', '문서작성계획' 등과 같이 가르쳐야 할 것을 말한다. 활동수행이란 '설명할 수 있다', '수립할 수 있다' 등과 같이 실제로 할 수 있는 행동을 가리킨다.

(2) 평가기준의 명료화

성취기준이 결정되면 평가기준을 정해야 하는데, 평가기준은 교수자가 평가 문제 및 평가상황의 내용과 수준을 결정할 때에 지침의 역할을 한다. 평가기준을 명료화하기 위해서는 각 평가영역에 대하여 학습자들의 성취 정도를 상・중・하의 수준으로 나누고, 각 수준의 의미를 밝히며, 그것들의 근거를 생각한다.

(3) 평가도구의 개발

평가기준이 결정되면, 이에 따라 각 내용별로 평가도구를 개발한다. 대체로 사실적 지식은 다지선택형 지필고사가 적당하고, 그 이상의 지식은 지필고사로는 측정이 불가능하다고 생각되나 꼭 그런 것은 아니다. 그러나 한 목표는 한 가지의 평가방법만으로 다 측정될 수는 없다. 여러 가지 방법이 동시에 사용되어야 한다. 예를 들어, 직장생활에서 자신의 특성을 이해하고 이에 따라 문서작성계획을 수립할 수 있는 능력을 평가하기 위해서는 지필검사는 물론이고 포트폴리오, 관찰 등 다양한 평가방법이 필요할 것이다.

(4) 평가 실시 및 결과 활용

평가를 실시한 후에는 채점기준에 따라 채점을 한다. 다지선택형 지필고사에서는 하나뿐인 정답이 숫자로 표시되기 때문에 그 채점기준은 비교적 간단하다. 그리고 균등 배점을 하는 것이 보통이다. 그러나 경우에 따라서는 난이도에 따라 배점을 달리할 수도 있을 것이다. 같은 지필고사라고 하더라도 서술형 문제인 경우에는 채점의 기준을 만들고 이를 적용하여 채점을 하는 데 있어서, 일반적으로 타당성과 신뢰성을 확보하는 데 어려움이 많다. 또한 인터뷰, 관찰평가 등도 채점의 객관성을 확보하는 것이 쉽지 않으므로 많은 노력을 해야 한다. 평가에서 채점으로 모든 것이 끝나는 것은 아니다. 그것은 다음 교수-학습에 환류(feedback)되어야 한다. 채점결과는 학습자의 학업 성취도를 보여 준다. 이에 따라 보충의 필요성, 혹은 심화의 필요성이 나올 것이다. 나아가 교수자는 그것을 자신의 교수에 대한 검토자료로 삼아야 한다.

3) 협력적 의사소통 학습평가의 방법

협력적 의사소통능력 학습평가의 방법은 서술형 및 논술형, 구술시험 및 면접, 관찰 및 체크리스트, 포트폴리오로 구분할 수 있다.

(1) 서술형 및 논술형

이 방법은 주어진 주제에 대하여 자유롭게 함으로써 학습자의 학업 성취도를 알아보는 방법이다. 이 중에서 서술형이라고 하면, 그 해답이 예를 들어 3~4줄 정도로 좀 더 간단한 대답이 나올 수 있는 것을 가리키며, 논술은 원고지 양식에 맞추어 각자의 생각을 논리적으로 비교적 길게 답해야 하는 형식을 가리킨다. 이 방법은 학습자들의 응용력, 종합력, 표현력 등 고등정신능력을 측정하는 데 적합한 평가방법이다. 다만, 채점의 객관성을 확보하는 것이 중요한 과제이다.

(2) 구술시험 및 면접

구술시험은 교수자가 말로써 묻고 학습자가 대답하는 형식의 시험이다. 구술시험의 특징은 피험자의 반응에 따라 교수자가 즉각적으로 후속 질문을 할 수 있다는 점이다. 이는 교수자가 피험자를 곤란하게 만드는 것이 아니라 피험자가 생각하는 것에 대해서 정확하게 후속 질문을 던질 수 있고, 그럼으로써 피험자의 이해 정도를 알 수 있음을 의미한다. 한편, 구술시험은 내향적이고 발표력이 좋지 못한 학습자들에게는 불리한 단점이 있다. 구술시험을 실시할 경우, 가장 유의해야 할 점은 학습자에 대한 선입관을 없애야 한다는 점이다.

구술시험이 특정내용에 대하여 학습자들이 알고 있는지를 묻는 데에 초점이 맞추어져 있다면, 면접은 수업의 분위기 등에 대하여 학습자가 생각하고 있는 것을 끄집어내는 데 중점이 있다. 그러므로 면접에서는 학습자가 자신의 생각을 솔직하게 드러낼 수 있도록 더 자유스러운 분위기를 만들어야 한다.

(3) 관찰 및 체크리스트

관찰은 수업 중의 행동, 토론, 발표, 토의, 실습 등 학습자의 실제 행동을 관찰하여 학습자의 학업 성취도를 알아보는 방법이다. 관찰법이 다른 평가방법과 다른 점은 만약 자신이 관찰을 받고 있다는 것을 학습자가 모른다면, 학습자의 가장 자연스러운 상태를 평가할 수 있다는 점이다. 다른 평가방법에서는 피험자가 준비를 갖추고 평가에 임하기 때문에 그 본모습이 좀처럼 드러나지 않은 점이 있다. 관찰 장면은 일회적으로 혹은 순간적으로 지나가 버리는 것이기 때문에 관찰한 결과를 기록으로 남기는 것이 필요하다. 그것은 메모 형식이 될 수도 있고 체크리스트 형식이 될 수도 있다. 관찰은 1회에 끝나는 것이 아니라 지속적이고 체계적으로 이루어져야 한다.

(4) 포트폴리오(portfolio)

포트폴리오를 이용한 평가방법은 어떤 주제에 대한 학습자의 관심, 능력, 진도, 성취, 노력, 성장 등의 증거를 보여 주는 학습자의 작품을 평가하는 방법이다. 포트폴리오는 한 주제에 대해 학습자가 학습해 온 궤적을 나타내 준다고 할 수 있으며, 그런 의미에서 수행평가의 취지에 잘 부합하는 평가방법이라고 할 수 있다. 포트폴리오법이 보고서법과 다른 점은 그것이 보고서와 같은 결과물만을 보는 것이 아니라, 그 보고서가 나오게 되는 과정들까지도 볼 수 있다는 점이다. 그러므로 교수-학습을 할 때에는 학습자들에게 최종적인 보고서만을 준비하도록 하는 것이 아니라, 그 보고서를 준비하기 위해 했던 과정들이 자신이 했던 일을 되돌아보고 미래를 위한 자료로 삼을 수 있다는 점에서 필요하다는 사실을 깨닫도록 지도해야 한다.

4) 협력적 의사소통능력 학습평가의 유형

협력적 의사소통능력 학습평가는 학습활동이 이루어지는 시점, 특히 학습과정에서의 기능적 역할을 기준으로 사전평가, 학습평가, 사후평가로 구분할 수 있다.

(1) 사전평가

사전평가는 학습의 적절한 출발점을 결정하기 위해 학습이 시작되기 전에 실시되는 평가활동을 지칭한다. 사전평가는 학습자가 학습을 시작하기 전에 학습자들의 개인차의 범위가 매우 크다는 것을 전제하고 그에 적극적으로 대처하려는 평가활동이다. 사전평가의 목적은 학습자가 학습모듈을 학습하기 전에 앞으로 학습할 내용을 성공적으로 학습하기 위해 충분한 준비가 되었는지를 확인하는 데 있다. 즉 사전평가를 활용함으로써 학습자들이 가지고 있는 능력이나 흥미 등의 장점과 단점을 분석적으로 평가하여 정확한 진단을 내리고 이에 입각해서 적절한 지도를 할 수 있다. 사전평가는 이러한 목적을 달성하기 위해 과거의 성적, 사전검사점수, 자기보고식 검사점수, 관찰결과 등이 활용될 수 있다.

이 매뉴얼에서는 사전평가의 방법으로 학습자용 워크북에 예시된 협력적 의사소통능력 사전평가 체크리스트를 활용하도록 하였다. 이 체크리스트는 학습자 스스로 본인의 수준을 진단하도록 하고, 진단결과 부족한 부분이 무엇인지를 확인할 수 있도록 하였다. 이러한 자기진단 체크리스트에 제시된 관련 학습내용과 교재 페이지를 참조하여 진단결과 부족한 부분이 어느 곳으로 연결되는지를 확인할 수 있다.

사전평가를 통해 학습자의 선수학습 수준이 밝혀지면, 교수자는 학습자가 충분히 알고 있는 부분은 점검만 한 후 다음 학습활동으로 넘어가고, 부족한 부분은 심층적으로 학습하는 등 지도계획을 수립하는 데 활용할 수 있다.

〈표 10〉 협력적 의사소통능력의 사전평가 체크리스트

문항	그렇지 않은 편이다	보통인 편이다	그런 편이다
1. 나는 협력적 의사소통능력의 종류를 설명할 수 있다.	1	2	3
2. 나는 협력적 의사소통의 중요성을 설명할 수 있다.	1	2	3
3. 나는 협력적 의사소통의 저해요인에 대하여 설명할 수 있다.	1	2	3
4. 나는 효과적인 협력적 의사소통개발방법을 설명할 수 있다.	1	2	3
5. 나는 문서이해의 개념 및 특성에 대하여 설명할 수 있다.	1	2	3
6. 나는 문서이해의 중요성에 대하여 설명할 수 있다.	1	2	3
7. 나는 문서이해의 구체적인 절차와 원리를 설명할 수 있다.	1	2	3
8. 나는 문서를 통한 정보획득 및 종합방법을 설명할 수 있다.	1	2	3
9. 나는 체계적인 문서작성의 개념 및 중요성을 설명할 수 있다.	1	2	3
10. 나는 목적과 상황에 맞는 문서의 종류와 유형을 설명할 수 있다.	1	2	3
11. 나는 문서작성의 구체적인 절차와 원리를 설명할 수 있다.	1	2	3
12. 나는 문서작성에서 효과적인 시각적 표현과 연출방법을 안다.	1	2	3
13. 나는 경청의 개념 및 중요성을 설명할 수 있다.	1	2	3
14. 나는 경청을 통해 상대방 의견의 핵심내용을 파악할 수 있다.	1	2	3
15. 나는 올바른 경청을 방해하는 요인들과 고쳐야 할 습관을 알고 있다.	1	2	3

16. 나는 대상과 상황에 따른 경청법을 설명할 수 있다.	1	2	3
17. 나는 정확한 의사표현의 중요성을 설명할 수 있다.	1	2	3
18. 나는 원활한 의사표현의 방해요인을 알고, 관리할 수 있다.	1	2	3
19. 나는 논리적이고 설득력 있는 의사표현의 기본요소 및 특성을 안다.	1	2	3
20. 나는 기초외국어능력의 개념 및 중요성과 필요성을 설명할 수 있다.	1	2	3
21. 나는 비언어적 기초외국어 의사표현에 대해 설명할 수 있다.	1	2	3
22. 나는 기초외국어능력 향상을 위한 교육방법을 설명할 수 있다.	1	2	3

(2) 학습성취도 평가

학습평가는 학습이 진행되고 있는 상황에서 학습자들이 학습목표를 제대로 달성해가고 있는지를 수시로 점검·확인하여 학습자 및 교수자에게 피드백을 제공하기 위한 목적으로 실시되는 평가를 의미한다. 피드백은 학습에 성공했을 때는 강화를 제공하고, 학습에 실패했을 때는 구체적인 학습오류를 확인하게 해준다. 학습평가의 기능은 ① 학습속도를 개별화하고, ② 학습동기를 높이며, ③ 학습곤란을 진단해서 교정하고, ④ 학습방법을 개선하여 궁극적으로는 학습효과를 극대화하는 데 있다. 이러한 목적을 달성하기 위해 활용될 수 있는 방법으로는 5분 고사, 퀴즈, 쪽지시험 등이 있다. 또한, 학습평가가 의도한 바의 기능을 제대로 수행하기 위해서는 가급적이면 자주 실시하는 것이 바람직하고, 평가결과를 학습자에게 즉시 피드백해 주는 것이 좋다.

이 매뉴얼에서는 학습평가의 방법으로 학습자들이 각각의 학습활동을 학습한 후 학습평가를 통해 적절한 피드백을 받을 수 있도록 하였다. 또한, 학습평가의 활용방법과 정답 및 해설을 활용해서 학습자들의 학습수준을 평가할 수 있도록 구성하였다.

▶ 예시 ◀

1. 우리는 직업생활을 하면서 다양한 문서를 접하게 된다. 다음의 문서의 종류 중 빈칸에 알맞은 문서를 써 넣어보자.

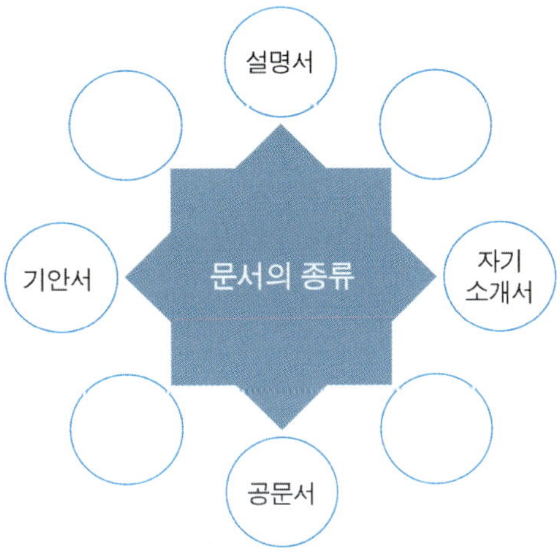

(3) 사후평가

사후평가는 일련의 활동이나 프로그램이 종료되었을 때 그 효과와 적합성을 최종적으로 확인하기 위한 목적으로 실시되는 판단활동을 의미한다. 일정 기간의 학습이 끝난 다음 학습의 효과를 판단하기 위해 실시되는 시험으로, 일반적으로 총괄평가에 해당한다고 볼 수 있다. 사후평가의 기능은 첫째, 학습자들의 성적을 판정해 주고, 둘째, 특정 분야에 대한 자격이나 면허를 부여하며, 셋째, 학습자들의 장래 성취도를 예측할 수 있는 토대를 제공해주고, 넷째, 집단 간의 성취도를 상호 비교할 수 있는 토대를 제공하며, 다섯째, 학습이 진정으로 효과가 있는지를 판정하는 것이다.

이 매뉴얼에서는 사후평가의 방법으로 모든 학습모듈에 대한 학습을 마친 후 학습자들이 스스로 성취수준을 평가하도록 체크리스트가 제시되어 있다. 또한, 사후평가 체크리스트의 활용방법, 평가방법, 평가결과를 통해 학습자의 전체적인 교육목표의 달성 정도를 확인하고, 부족한 부분을 파악하여 피드백할 수 있도록 구성하였다.

사후평가가 이루어지면 교수자는 학습자의 성취수준을 점검하고, 평가결과 부족한 부분에 대하여 문항별로 제시된 관련 학습모듈 및 페이지를 참고하여 해당 학습활동을 추가적으로 학습하거나, 별도의 과제를 부여하여 해당 학습내용을 충분히 숙지할 수 있도록 지도하여야 한다.

〈표 11〉 협력적 의사소통능력의 사후평가 체크리스트

구분	문항	매우 미흡	미흡	보통	우수	매우 우수
A-1 협력적 의사소통 능력	1. 나는 협력적 의사소통의 중요성을 설명할 수 있다.	1	2	3	4	5
	2. 나는 협력적 의사소통의 능력과 종류를 구분하여 설명할 수 있다.	1	2	3	4	5
	3. 나는 협력적 의사소통을 적절히 하여야만 하는 이유를 설명할 수 있다.	1	2	3	4	5
	4. 나는 올바른 협력적 의사소통을 저해하는 요인에 대해 설명할 수 있다.	1	2	3	4	5
	5. 나는 올바른 협력적 의사소통을 저해하는 요인을 제거하는 방법에 대해 설명할 수 있다.	1	2	3	4	5
	6. 나는 효과적인 협력적 의사소통능력을 개발하기 위한 방법을 설명할 수 있다.	1	2	3	4	5
A-2-가 문서이해 능력	1. 나는 문서가 무엇인지 설명할 수 있다.	1	2	3	4	5
	2. 나는 문서이해의 개념 및 특성에 대하여 설명할 수 있다.	1	2	3	4	5
	3. 나는 문서이해의 중요성에 대하여 설명할 수 있다.	1	2	3	4	5
	4. 나는 문서이해의 구체적인 절차와 원리를 설명할 수 있다.	1	2	3	4	5
	5. 나는 문서를 통한 정보획득 및 종합방법을 설명할 수 있다.	1	2	3	4	5
	6. 나는 다양한 문서의 종류를 구분하여 설명할 수 있다.	1	2	3	4	5
	7. 나는 다양한 문서에 따라 각기 다른 이해방법을 알고 있다.	1	2	3	4	5
	8. 나는 문서이해능력을 키우기 위한 방법을 알고 설명할 수 있다.	1	2	3	4	5

A-2-나 문서작성 능력	1. 나는 직업생활에서 필요한 문서가 무엇인지 확인할 수 있다.	1	2	3	4	5
	2. 나는 문서를 작성해야 하는 목적 및 상황을 파악할 수 있다.	1	2	3	4	5
	3. 나는 내가 주로 작성하는 문서가 어떻게 작성되어야 하는지 방법을 설명할 수 있다.	1	2	3	4	5
	4. 나는 문서의 종류에 따라 적절하게 문서를 작성할 수 있다.	1	2	3	4	5
	5. 나는 문서작성에서 시각적인 표현의 필요성을 설명할 수 있다.	1	2	3	4	5
	6. 나는 문서작성에서 시각적인 표현을 효과적으로 사용할 수 있다	1	2	3	4	5
A-2-다 경청 능력	1. 나는 경청의 개념을 설명할 수 있다.	1	2	3	4	5
	2. 나는 경청의 중요성을 설명할 수 있다.	1	2	3	4	5
	3. 나는 올바른 경청을 방해하는 요인들을 설명할 수 있다.	1	2	3	4	5
	4. 나는 효과적인 경청방법에 대해 설명할 수 있다.	1	2	3	4	5
	5. 나는 경청훈련을 통하여 올바른 경청방법을 실천할 수 있다.	1	2	3	4	5
A-2-라 의사표현 능력	1. 나는 의사표현의 개념을 설명할 수 있다.	1	2	3	4	5
	2. 나는 의사표현의 중요성을 설명할 수 있다.	1	2	3	4	5
	3. 나는 원활한 의사표현을 방해하는 요인들을 설명할 수 있다.	1	2	3	4	5
	4. 나는 효과적인 의사표현법에 대해 설명할 수 있다.	1	2	3	4	5
	5. 나는 설득력 있는 의사표현을 실천할 수 있다.	1	2	3	4	5
A-2-마 기초외국어 능력	1. 나는 직업생활에서 필요한 기초외국어능력이 무엇인지 설명할 수 있다.	1	2	3	4	5
	2. 나는 직업생활에서 기초외국어능력이 왜 필요한지 설명할 수 있다.	1	2	3	4	5
	3. 나는 기초외국어능력이 필요한 상황을 알 수 있다.	1	2	3	4	5
	4. 기초외국어능력으로서 비언어적 의사소통법을 설명할 수 있다.	1	2	3	4	5
	5. 나는 기초외국어능력을 향상시키는 방법을 설명할 수 있다	1	2	3	4	5

2 PART

하위영역별 교육내용

✤ 효과적인 인간관계를 위한 협력적 의사소통

협력적 의사소통 - 상황별 사례를 통한 문제해결

1장 상황별 협력적 의사소통능력

2장 문서이해능력

3장 문서작성능력

4장 경청능력

5장 의사표현능력

6장 기초외국어능력

협력적 의사소통능력의 사전평가 체크리스트

문항	그렇지 않은 편이다.	보통인 편이다.	그런 편이다.
1. 나는 협력적 의사소통능력의 종류를 설명할 수 있다.	1	2	3
2. 나는 협력적 의사소통의 중요성을 설명할 수 있다.	1	2	3
3. 나는 협력적 의사소통의 저해요인에 대하여 설명할 수 있다.	1	2	3
4. 나는 효과적인 협력적 의사소통개발 방법을 설명할 수 있다.	1	2	3
5. 나는 문서이해의 개념 및 특성에 대하여 설명할 수 있다.	1	2	3
6. 나는 문서이해의 중요성에 대하여 설명할 수 있다.	1	2	3
7. 나는 문서이해의 구체적인 절차와 원리를 설명할 수 있다.	1	2	3
8. 나는 문서를 통한 정보 획득 및 종합 방법을 설명할 수 있다.	1	2	3
9. 나는 체계적인 문서작성의 개념 및 중요성을 설명할 수 있다.	1	2	3
10. 나는 목적과 상황에 맞는 문서의 종류와 유형을 설명할 수 있다.	1	2	3
11. 나는 문서작성의 구체적인 절차와 원리를 설명할 수 있다.	1	2	3
12. 나는 문서작성에서 효과적인 시각적 표현과 연출방법을 안다.	1	2	3
13. 나는 경청의 개념 및 중요성을 설명할 수 있다.	1	2	3
14. 나는 경청을 통해 상대방 의견의 핵심내용을 파악할 수 있다.	1	2	3
15. 나는 올바른 경청을 방해하는 요인들과 고쳐야 할 습관을 알고 있다.	1	2	3
16. 나는 대상과 상황에 따른 경청법을 설명할 수 있다.	1	2	3
17. 나는 정확한 의사표현의 중요성을 설명할 수 있다.	1	2	3

18. 나는 원활한 의사표현의 방해요인을 알고, 관리할 수 있다.	1	2	3
19. 나는 논리적이고 설득력 있는 의사표현의 기본요소 및 특성을 안다.	1	2	3
20. 나는 기초외국어능력의 개념 및 중요성과 필요성을 설명할 수 있다.	1	2	3
21. 나는 비언어적 기초외국어 의사표현에 대해 설명할 수 있다.	1	2	3
22. 나는 기초외국어능력 향상을 위한 교육방법을 설명할 수 있다.	1	2	3

앞에서 협력적 의사소통능력 사전평가 체크리스트를 작성한 문항별로 본인이 체크한 결과에 대해 아래의 표에 해당 번호의 개수를 적어본다.

그저 그렇다와 그런 편이다 부분에 체크가 많이 되어 있다는 것은 그 부분에 대한 협력적 의사소통능력의 학습이 필요하다는 의미이므로, 교재 항목에 있는 부분의 수업 시간에 좀 더 적극적인 참여가 요구되는 사항이다.

문항	수준	개수	학습내용	교재
1~4번	그렇지 않은 편이다.	(　　　)개	협력적 의사소통능력	51~93쪽
	그저 그렇다.	(　　　)개		
	그런 편이다.	(　　　)개		
5~8번	그렇지 않은 편이다.	(　　　)개	문서이해능력	95~122쪽
	그저 그렇다.	(　　　)개		
	그런 편이다.	(　　　)개		
9~12번	그렇지 않은 편이다.	(　　　)개	문서작성능력	123~137쪽
	그저 그렇다.	(　　　)개		
	그런 편이다.	(　　　)개		
13~16번	그렇지 않은 편이다.	(　　　)개	경청능력	139~163쪽
	그저 그렇다.	(　　　)개		
	그런 편이다.	(　　　)개		
17~19번	그렇지 않은 편이다.	(　　　)개	의사표현능력	165~190쪽
	그저 그렇다.	(　　　)개		
	그런 편이다.	(　　　)개		
20~22번	그렇지 않은 편이다.	(　　　)개	기초외국어능력	191~200쪽
	그저 그렇다.	(　　　)개		
	그런 편이다.	(　　　)개		

협력적 의사소통능력의 사후평가 체크리스트

구분	문항	매우 미흡	미흡	보통	우수	매우 우수
1장 협력적 의사소통 능력	1. 나는 협력적 의사소통의 중요성을 설명할 수 있다.	1	2	3	4	5
	2. 나는 협력적 의사소통의 능력과 종류를 구분하여 설명할 수 있다.	1	2	3	4	5
	3. 나는 협력적 의사소통을 적절히 하여야만 하는 이유를 설명할 수 있다.	1	2	3	4	5
	4. 나는 올바른 협력적 의사소통을 저해하는 요인에 대해 설명할 수 있다.	1	2	3	4	5
	5. 나는 올바른 협력적 의사소통을 저해하는 요인을 제거하는 방법에 다해 설명할 수 있다.	1	2	3	4	5
	6. 나는 효과적인 협력적 의사소통능력을 개발하기 위한 방법을 설명할 수 있다.	1	2	3	4	5
2장 문서이해 능력	1. 나는 문서가 무엇인지 설명할 수 있다.	1	2	3	4	5
	2. 나는 문서이해의 개념 및 특성에 대하여 설명할 수 있다.	1	2	3	4	5
	3. 나는 문서이해의 중요성에 대하여 설명할 수 있다.	1	2	3	4	5
	4. 나는 문서이해의 구체적인 절차와 원리를 설명할 수 있다.	1	2	3	4	5
	5. 나는 문서를 통한 정보 획득 및 종합 방법을 설명할 수 있다.	1	2	3	4	5
	6. 나는 다양한 문서의 종류를 구분하여 설명할 수 있다.	1	2	3	4	5
	7. 나는 다양한 문서에 따라 각기 다른 이해방법을 알고 있다.	1	2	3	4	5
	8. 나는 문서이해능력을 키우기 위한 방법을 알고 설명할 수 있다.	1	2	3	4	5

Chapter 1

상황별 협력적 의사소통

1. 용어의 정의

1) 의사(意思)란?

"무엇을 하고자 하는 생각"이라고 정의되고 있다. 의향, 의미, 의도, 아이디어, 생각, 방향, 마음, 뜻, 의의, 의지 등의 단어와 비슷한 의미로 소통되기도 한다. 영어로는 생각이라는 말로 표현될 때는 mind나 idea의 의미로, 의향의 의미로 쓰일 때에는 intention,(보통) intent로 사용된다.

2) 의사소통(意思疏通)이란?

"가지고 있는 생각이나 뜻이 서로 통함 또는 가지고 있는 생각이나 뜻이 서로 통하다"라는 뜻을 의미하며, 의사소통능력(意思疏通能力)이란 상대방과 대화를 나누거나 문서를 통해 의견을 교환할 때, 상호 간의 전달하고자 하는 의미를 정확하게 전달할 수 있는 능력을 의미한다.

영어로 의사소통은 communication이라고 하는데, communication(커뮤니케이션)은 라틴어인 communis(공유)와 communicare(공통성을 공유한다 또는 나누어 갖는다)에서 유래된 단어로 공동(common) 또는 공유(sharing)라고 하는 기본적인 의미를 갖는다. 즉, '공통의 것을 갖게 한다(to make common)'라는 것이다. 달리 말하자면, 사람들이 서로 의미를 공유함으로써 이해에 도달하고 합의에 도달하며 거기에서 공동체의 규범으로서 문화를 창출하는 것을 가리켜 커뮤니케이션이라고 할 수 있다. 한국언론학회가 커뮤니케이션이라는 단어의 우리말 번역을 국문학자에게 의뢰한 적이 있었는데, 그때 나온 번역어는 '알림 알이'였다. 그러나 알림 알이는 거의 사용되지 않고, '커뮤니케이션'이 외래어로 정착되어 널리 쓰이고 있다.

중국어로 의사소통은 "溝通(goutong)"이라고 말하는데, 이는 즉 물이 흘러가는 것과 같은 원활함을 뜻하는 의미가 강하게 작용하고 있다. 일본어로는 "意思疏通(이시소츠우)"이라는 말로 우리와 같은 한자가 사용되고 있다.

커뮤니케이션은 과정이지 메시지(message) 그 자체가 아니다. 또 그건 '공유'를 위해 쌍방적이어야 한다. 그래서 서구 학자들은 communication이라는 단어를 쓸 때 여하의 경우를 막론하고 꼭 's'를 붙여 communications라고 표기함으로써 쌍방성을 강조하기도 한다. 쌍방향 커뮤니케이션에서 보내는 사람은 communicator, 받는 사람은 communicatee라고 한다.

의사소통, 즉 커뮤니케이션에 대한 좀 더 쉽게 이해하기 위하여 여러 학자들이 의사소통, 즉 커뮤니케이션에 대한 정의를 내린 것을 참고로 하여, 이 단어에 대한 올바른 인식을 하도록 한다.

커뮤니케이션 연구의 선구자라 할 수 있는 해롤드 라스웰(Harold Lasswell, 1902~1978)은 1948년에 커뮤니케이션 과정과 관련하여 다음과 같은 질문을 던진 바 있다. "누가 무엇을 어떤 채널을 통해 누구에게 어떤 효과를 내면서 말하는가?(Who says what, in which channel, to who, with what effect?)"

미국 경영학자 피터 드러커(Peter Drucker, 1909~2005)는 "모든 경영문제의 60%는 부실하거나 잘못된 커뮤니케이션의 결과다(Sixty percent of all management problems are the result of poor or faulty communication)"라고 언급하면서 커뮤니케이션의 중요함을 언급하고 있다.

미국 역사학자 대니얼 부어스틴(Daniel J. Boorstin, 1914~2004)은 『민주주의와 그 불만(Democracy and Its Discontents: Reflections on Everyday America)』(1975)이라는 책에서 다음과 같이 말하고 있다. "우리는 늘 많아서 넘치는 것이 충분하지 않은 것보다는 낫다고 생각함으로써 과잉 커뮤니케이션으로 빠져든다(By assuming that too-much is always better than not-enough, we pave the road to overcommunication.)." 고 하였다. 그는 미국인들이 쓸데없는 말을 너무 많이 떠들고 있다고 비판했다 (Daniel J. Boorstin, 1975).

부어스틴은 또한 '공유'의 중요성을 강조했다. "민주주의는 순전히 자기 표현적이거나 폭발적이거나 독설적인 커뮤니케이션이 아니라 공유하는 커뮤니케이션에 의존한다(Democracy depends on the communication which is sharing, not on that which is purely self-expressive, explosive, or vituperative.)."(Daniel J. Boorstin, 1975).

사회학자 조디 딘(Jodi Dean)은 『민주주의와 다른 신자유주의적 판타지: 소통 자본주의와 좌파정치(Democracy and Other Neoliberal Fantasies: Communicative Capitalism and Left Politics)』(2009)라는 저서에서 소통 자본주의(communicative capitalism) 개념을 제시했다. 사람들이 거리에 나가 갈등의 상대와 직접 대결을 펼치는 대신, 말하고, 의견을 내고, 댓글을 달고, 트위터를 쓰고, 팟 캐스트를 듣는 일을 물신화하며, 그래서 자신이 정치적 대의와 '소통'하고 있다는, 자신이 민주주의에 참여하고 있다는 환상에 빠진다는 것이다. 이 논지를 긍정하는 문강형준은 나꼼수와 안철수 토크 콘서트를 그런 사례로 간주하면서 다음과 같이 주장한다.

"어떤 '소통'은 스마트폰이나 토크 콘서트로는 절대로 될 수 없는 것이다. 소통 자본주의의 물신 판타지는 정치의 소멸을 나타내는 탈정치적 경향이 소소하고 부드러운 엔터테인먼트 민주주의와 만나 출산한 이 시대의 축복받은 신생아다."(문강형준, 2012).

"소통은 노력할 때 가능해진다(Communication works for those who work at it.)." 는 것이다(임귀열, 2011년 5월 18일).

대인관계에서 타인과 효과적인 인간관계를 맺기 위해서는 먼저 타인과 의사소통을 효과적으로 해야 하고, 또한 그와 갈등이 생겼을 때 그 갈등을 효과적으로 해결할 수 있어야 하며 그리고 자신이 삶에서 겪는 스트레스를 잘 관리함으로써 자신 스스로 인간관계 파괴자가 될 여지를 미리 없애야 한다.

1) 긍정감정 표현하기

나와 타인의 인간관계가 발전하고 심화되기 위해서는 내가 타인에 대한 긍정적 감정을 잘 표현하는 일이 중요하다. 첫째, 타인의 긍정적인 면을 보도록 노력한다. 둘째, 긍정적 감정을 타인에게 표현하는 것은 자연스럽고 성숙한 행동이라는 생각을 갖는다. 셋째, 타인에 대한 긍정적인 감정을 자각한다. 그리고 다섯째, 긍정적인 감정을 자연스럽게 잘 표현하여 타인에게 표현한다. 이러한 긍정감정을 표현하는 기술은, 모든 대인기술이 그러하듯이 연습하고 노력하면 향상될 수 있다.

내가 자신의 긍정감정을 흔히 언어적 표현을 통해 표현하게 되지만 비언어적 표현에 의해서 보다 강력하게 표현할 수도 있다. 관심과 애정이 어린 눈빛, 얼굴 표정, 미소, 자세, 행동, 공간적 거리 등 다양한 비언어적 표현방법을 잘 활용하는 것이 중요하다.

2) 불쾌감정 표현하기

불쾌감정을 잘 표현하는 사람은 상대방의 마음을 상하게 함이 없이 불쾌감정을 표현하여 인간관계도 손상시키지 않고 상대방으로 하여금 더 이상 불쾌하게 하는 행동을 하지 않도록 할 수도 있는 것이다. 이러한 효율적인 불쾌감정의 표현을 위해서는 첫째, 상대방의 잘못을 비난하는 방식보다는 상대방의 행동으로 인한 나의 불편함과 불쾌감을 표현하는 표현이 좋다. 둘째, 상대방의 행동을 규제하는 방식보다는 나의 바람을 표현하는 것이 바람직하다.

3) 부탁-거절하기

도움을 요청하고 부탁하는 기술은 인간관계에서 매우 중요하다.

대인관계에서 내가 도움을 요청할 때도 있지만 타인의 부탁을 거절해야 할 경우도 발생한다. 이때 도움을 요청한 타인의 입장을 충분히 고려하여 인간관계를 해치지 않도록 신중하게 거절하는 것이 중요하다. 내가 타인의 부탁을 거절할 때는 첫째, 도움이 필요한 상대방의 상황을 충분히 이해했음을 표명한다. 둘째, 도움을 주지 못하는 자신의 상황이나 이유를 분명하게 설명한다. 셋째, 도움을 주지 못하는 아쉬움을 표현한다.

출처: 행복한 교회카페. 홍종관 박사(대구교대 교수)
http://cafe.daum.net/happychurchcafe

■ 커뮤니케이션 게임 1

커뮤니케이션의 중요성이나 수단을 이해하려면 설명을 듣거나 글을 읽어 이해하는 것도 필요하지만, 구체적인 체험을 위해서는 자신이 직접 커뮤니케이션에 관한 롤 플레이를 하는 것도 좋다.

게임을 위해서는 최소한 2명 이상이 필요하나, 인원이 많아도 충분히 운영할 수 있고, 교육의 효과를 높이기 위해 팀을 나누어 시합하는 것도 좋다.

▶ 준비물

- A4용지에 임의의 도형들이 그려진 것을 미리 준비한다.
- 종이와 필기구
- 스톱워치

▶ 게임방법

① 한 팀의 2명이 서로 등을 맞대고 의자에 앉는다(게임 참가자 전체는 큰 원으로 둘러앉는다).
② 큰 원의 안쪽에 앉은 사람에게 도형이 그려진 종이를 준다.
③ 등을 맞댄 내 파트너에게 그림을 설명하고 상대파트너는 설명을 듣고 그림을 빈 종이에 그린다.
④ 정해진 시간 동안 진행한다.
⑤ 그린 그림의 결과를 팀별로 비교하여 시상한다.

▶ **운영 노하우**

① 처음 게임에서는 전달자가 설명만 할 수 있고, 전달받는 사람은 질문을 할 수 없다(한 방향 커뮤니케이션 경험).

② 두 번째 게임에서는 전달받는 사람이 궁금한 것을 질문할 수도 있다(쌍방향 커뮤니케이션을 경험).

③ 두 가지 결과를 비교하고 평가하여 한 방향 커뮤니케이션보다는 쌍방향 커뮤니케이션 결과가 좋음을 확인시킨다. 그리고 질문의 효과를 이해하게 한다.

※ 커뮤니케이션 게임을 통해 배울 점

– 일방적으로 상대로부터 의사전달을 받는 경우에는 이해도와 정확도가 떨어진다. 왜냐하면 똑같은 말이나 단어를 사용해도 이해되는 것은 사람에 따라 달라지기 때문이다. 사람들은 자신의 경험이나 지식을 기준으로 외부의 정보를 받아들이기 때문에 질문하거나 의견을 교환하여 확인하지 않으면 오해하거나 왜곡될 수 있다. 반면에 양방향 의사전달을 하는 경우에는 서로 질문하고 의견을 교환하여 오해나 왜곡을 제거하여 정확한 뜻을 이해할 수 있다.

출처 : 심재우(2004). GE처럼 커뮤니케이션하라

2. 협력적 의사소통

사례…

관계파탄의 신호 '경멸'

캘리포니아 대학교 로스엔젤레스 캠퍼스(UCLA) 심리학과 명예교수인 앨버트 메라비안(Albert Mehrabian)이 1971년에 출간한 저서 『Silent Messages』에서 발표한 것으로, 말하는 사람이 전하려는 메시지에 언어적 표현과 비언어적 표현 중 비언어적 표현이 훨씬 큰 영향을 미친다는 것이다. 듣는 사람은 말하는 사람의 청각적인 부분, 즉 목소리로부터 38%, 표정, 태도, 몸짓 등 시각적인 부분으로부터 55%의 영향을 받는데, 이 두 가지 비언어적인 영향력을 제외하면 언어적인 부분은 7%만을 차지한다는 결론에 이르는데, 이를 '메라비언의 법칙(the rule of Mehrabian/ the law of Mehrabian)'이라 한다. 즉, 말을 할 때의 태도나 목소리 등 말의 내용과 직접적인 관계가 없는 93%의 요소가 상대방으로부터 받는 이미지를 좌우한다는 것이다. 이러한 이론은 짧은 시간에 좋은 이미지를 주어야 하는 직종의 사원교육 때 많이 활용되는 이론이다.

표정, 몸짓, 목소리만으로 거짓말을 알아내고, 상대방이 어떤 감정상태인지를 알아내는 비언어적 커뮤니케이션 분야의 세계적인 전문가이자 보디랭귀지 전문가인 캘리포니아 대학교의 명예교수인 폴 에크만(Paul Ekman) 교수는, 모든 인간은 그 시대와 공간을 불문하고 6가지 감정을 공유한다고 하는데, 그것이 바로 '분노, 혐오, 공포, 행복, 슬픔, 놀라움'이다. 그는 후에 일곱 번째 공유 감정으로 '경멸(contempt)'을 덧붙였다.

보디랭귀지 전문가들은 다양한 감정 중에서 주의 깊게 살펴봐야 할 감정이 바로 '경멸'이라고 말하고 있다. 관계 속에서 '경멸'의 징표가 드러나면 이는 최악의 신호라는 것이다.

얼굴에 드러나는 감정표현은 좌우대칭이다. 하지만 비대칭적인 표정의 대표적인 케이스가 '경멸'이다. 한쪽 입 꼬리만 슬쩍 올리며 반쯤 웃는 듯한 속칭 '썩소'가 가장 정확하게 경멸을 전달한다. 경멸은 우월감을 전제로 한다. 다른 사람 혹은 사물에 대해 열등하거나 가치 없다는 느낌을 가질 때 본인이 인식하지도 못한 상태에서 경멸감이 드러난다.

경멸은 죄가 있으면서도 자신의 결백을 주장하는 사람에게서도 자주 볼 수 있다. 죄를 지은 사람들은 경찰에게 신문을 당할 때 자신이 권위 있는 사람보다 우월하다는 착각을 하면서 자기도 모르게 경멸의 표정을 흘리게 된다. 반면, 결백한 사람들은 보통 염려나 충격, 놀라움 등의 감정을 단순하게 표현하는 경우가 많지 이렇게 경멸적인 표현을 하지는 않는다고 한다.

수사관들의 설명에 따르면, 가장 결백한 사람이 제일 깜짝 놀라는 모습(눈썹이 동그래지며 위로 올라가고 입은 긴장이 풀린 채 벌어지는 형태)을 보인다고 한다. 물론 죄가 있는 사람도 비슷한 공포의 표정(눈썹은 직선으로 올라가고 입이 벌어진다)을 보여 주지만, 그 표정의 지속시간이 더 길다고 한다. 뭔가 숨기는 게 있다는 의미다.

경멸은 부부관계의 위험성 판단에도 중요한 요소다. 결혼생활 지속 기간을 결정짓는 특징에 관한 연구로 유명한 미국 워싱턴대 심리학과 존 고트만 박사에 따르면, 경멸은 상대에 대한 도덕적 우월성을 드러내기 때문에 부부에게는 '죽음의 신' 같은 존재라고 한다. 고트만 박사는 어떤 신혼부부가 결혼생활을 지속할지, 혹은 4~6년 후에 이혼할지를 90% 정도의 확률로 예측할 수 있는데, 그 주요 판단 기준은 배우자 중 한쪽이 무의식적으로 상대방에게 경멸감을 드러내는가 여부라고 한다. 고트만 박사는 부부를 대상으로 한 심리치료 도중에 발생하는 한쪽이나 양쪽 파트너의 비웃음은 결별의 가능성을 예고하는 강력한 신호라는 사실을 발견했다.

비웃음으로 무시나 멸시를 느끼는 관계는 이미 문제가 있음을 의미하는데, 회복할 가망성이 분노나 슬픔 같은 다른 부정적인 감정보다 훨씬 낮다고 한다. 인식하지 못한 상태에서 우리 얼굴과 몸은 이미 많은 것을 말하고 있다는 사실, 놀랍지 않은가. 나로부터 비롯된, 또는 나로 향하는 '경멸'의 징후는 없는지… 살펴볼 일이다.

– 조우성(2018. 6. 18). 관계 파탄의 신호–경멸. 한국일보

3. 두 얼굴의 의미

영국의 만화가 윌리엄 힐은 1915년 미국 유머 주간지 「퍽(Puck)」에 '내 아내와 장모'라는 이름의 재미있는 삽화를 발표했다. 얼굴을 그린 것인데 이게 보는 사람에 따라 고개 돌린 젊은 여자의 모습이기도 하고 고개를 약간 숙인 채 침울한 표정을 짓고 있는 노파이기도 하기 때문이다. 그런데 둘 중 하나를 본 뒤에는 다른 사람이 알려주기 전에는 결코 다른 얼굴이 보이지 않는다.

그의 삽화(맨 오른쪽 그림)는 이제 사람들이 '아, 이 그림!' 할 정도로 널리 알려졌다. 그런데 이 그림은 '보링의 인물(Boring figure)'로도 불린다. 미국 하버드대의 저명한 실험심리학자 에드윈 보링이 1930년, 애매모호한 지각현상의 예로 이 그림을 다룬 논문을 발표하면서 이 그림이 유명해졌기 때문이다.

심리학자 에드윈 보링은 만화가 힐이 1915년 잡지에 발표한 그림(오른쪽)을 지각의 애매모호함을 보여 주는 예로 논문에 소개했다. 사실 이 그림은 힐의 창작이 아니라 1888년 인쇄된 한 엽서에 나오는 작가미상의 그림이다.

힐이 1888년 독일에서 인쇄된 엽서의 그림(맨 왼쪽 그림)을 베낀 것이기 때문이다. 익명의 작가가 그린 이 그림은 1890년 한 기업체에서 써먹기도 했다(가운데 그림). 오히려 지금도 이 그림의 원작자를 힐로 소개하는 문헌이 많다(네이버 지식백과).

4. 효율적인 의사소통이란?

- 언제나 대화를 통해 문제에 접근한다.
- 상대의 말을 듣고 난 다음 질문한다.
- 상대방을 비난하지 않고 존중한다.
- 오고가는 대화내용을 자주 요약한다.
- 감정을 배제한다.
- 목표를 자세하게 밝힌다.
- 관계를 손상시키지 않는 선에서 확고한 태도를 취한다.
- 작은 신호를 놓치지 않는다.
- 인식 차이를 논의한다.
- 상대방이 약속하는 방식을 이해한다.
- 결정하기 전에 상의한다.
- 내가 통제할 수 있는 부분에 집중한다.
- 누가 옳은지 논쟁하지 않는다.

－스튜어트 다이아몬드 지음, 김태훈 옮김(2011). 『어떻게 원하는 것을 얻는가』. 8.0출판, pp. 74~74.)

제시된 키슬러의 대인관계 의사소통 양식지에 체크하여 자신의 대인관계 의사소통 스타일을 알아보자.

전혀 그렇지 않다	약간 그렇다	상당히 그렇다	매우 그렇다
1	2	3	4

	문항	1	2	3	4		문항	1	2	3	4
1	자신감이 있다.					21	온순하다.				
2	꾀가 많다.					22	단순하다.				
3	강인하다.					23	관대하다.				
4	쾌활하지 않다.					24	열성적이다.				
5	마음이 약하다.					25	지배적이다.				
6	다툼을 피한다.					26	치밀하다.				
7	인정이 많다.					27	무뚝뚝하다.				
8	명랑하다.					28	고립되어 있다.				
9	추진력이 있다.					29	조심성이 많다.				
10	자기자랑을 잘한다.					30	겸손하다.				
11	냉철하다.					31	부드럽다.				
12	붙임성이 없다.					32	사교적이다.				
13	수줍음이 있다.					33	자기주장이 강하다.				
14	고분고분하다.					34	계산적이다.				
15	다정다감하다.					35	따뜻함이 부족하다.				
16	붙임성이 있다.					36	재치가 부족하다.				
17	고집이 세다.					37	추진력이 부족하다.				
18	자존심이 강하다.					38	솔직하다.				
19	독하다.					39	친절하다.				
20	비사교적이다.					40	활달하다.				

◆ **채점과 해석**

각 유형별 문항에 대한 응답을 다음의 칸에 합산한다. 그리고 아래 그림에 자신의 점수를 ○표로 표시하고 점수들을 연결하여 팔각형을 그린다.

팔각형의 모양이 중심으로부터 특정 방향으로 기울어진 형태일수록 그 방향의 대인관계 의사소통 양식이 강하다고 해석된다(이 결과는 자신의 대인관계 의사소통에 대하여 주관적으로 지각한 것일 뿐이므로 고정관념을 갖지 않도록 유의하야 한다).

- 지배형 (1, 9, 17, 25, 33) _______
- 실리형 (2, 10, 18, 26, 34)_______
- 냉담형 (3, 11, 19, 27, 35)_______
- 고립형 (4, 12, 20, 28, 36)_______
- 복종형 (5, 13, 21, 29, 37)_______
- 순박형 (6, 14, 22, 30, 38)_______
- 친화형 (7, 15, 23, 31, 39)_______
- 사교형 (8, 16, 24, 32, 40)_______

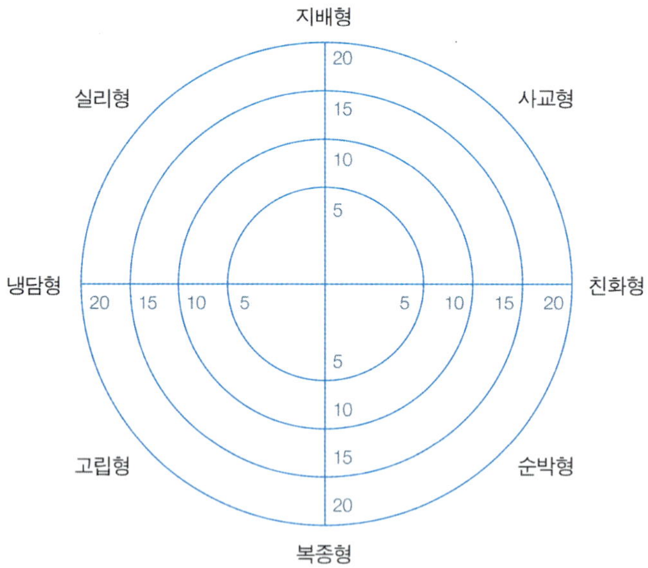

키슬러 양식에 의한 나의 대인관계 의사소통 양식

[활동 해설]

제시된 활동은 학습자들이 대인관계 의사소통능력을 체크해보는 활동이다. 이는 학습자들이 스스로 자신의 대인관계 의사소통 스타일을 확인하고, 작성하는 것이므로 정답은 없다. 각 유형별로 살펴보면, **지배형**은 자신감이 있고, 지도력이 있으나 논쟁적이고 독단이 강하여 대인 갈등을 겪을 수 있으므로 타인의 의견을 경청하고 수용하는 자세가 필요하다. **실리형**은 이해관계에 예민하고 성취지향적으로 경쟁적이며 자기중심적이므로 타인의 입장을 배려하고 관심을 갖는 자세가 필요하다. **냉담형**은 이성적인 의지력이 강하고 타인의 감정에 무관심하며 피상적인 대인관계를 유지하므로 타인의 감정상태에 관심을 가지고 긍정적 감정을 표현하는 것이 필요하다. **고립형**은 혼자 있는 것을 선호하고 사회적 상황을 회피하며 지나치게 자신의 감정을 억제하므로 대인관계의 중요성을 인식하고 타인에 대한 비현실적인 두려움의 근원을 성찰해 볼 필요가 있다. **복종형**은 수동적이고 의존적이며 자신감이 없으므로 적극적인 자기표현과 주장이 필요하다. **순박형**은 단순하고 솔직하며 자기주관이 부족하므로 자기주장을 하는 노력이 필요하다. **친화형**은 따뜻하고 인정이 많고 자기희생적이나 타인의 요구를 거절하지 못하므로 타인과의 정서적인 거리를 유지하는 노력이 필요하다. **사교형**은 외향적이고 인정하는 욕구가 강하며, 타인에 대한 관심이 많아서 간섭하는 경향이 있고 흥분을 잘 하므로 심리적으로 안정하고 지나친 인정욕구에 대한 성찰이 필요하다.

사례

기회

- 학생들에게 기회가 무엇인지에 대해 물어본다.
- 학생들은 자신에게 기회가 왔는지를 어떻게 알 수 있는지에 대해 서로의 의견을 교환한다.
- 학생들의 생각을 생각노트 또는 포스트잇에 써보도록 한다. (50자 내외)
- 참고가 될 만한 내용은 발표한다.

MEMO

- 기회를 무엇이라고 생각하는가?

- 어떻게 하면 자신에게 찾아온 기회를 잡을 수 있지는 방법을 서술하시오.

기회란 무엇인가?

기회(機會, Opportunity, Chance)란 무엇인가? 기회란 "어떤 일을 하는 데 적절한 시기나 경우"라고 정의내리고 있다.

그렇다면 기회가 무엇인지 생각해 보자. 우리에게 기회를 좀 더 쉽게 인식시켜 줄 좋은 그림이 있다. 이 그림을 한번 보면서 기회가 무엇인지를 생각해 보자.

카이로스(Kairos)
프란체스코 데 로시(1510~1563)의 Time as Occasion이란 작품. 로시는 또 Francesco Salviati or as Il Salviati로도 불림
[출처: https://commons.wikimedia.org/wiki/File:Francesco_Salviati_-_Time_as_Occasion_(Kairos)_-_Google_Art_Project.jpg?uselang=ko]

카이로스[Kairos(영어), καιρός(그리스어)]는 기회 또는 특별한 시간을 의미하는 그리스어로, 그리스 로마 신화에 나오는 기회의 신의 이름이기도 하다. 신으로서 카이로스의 모습은 앞쪽 머리카락은 길지만, 뒤쪽 머리카락은 없는 남성 신으로 묘사된다. 이는 재빨리 잡지 않으면 놓치고 마는 기회의 성격을 신화에 투영한 것이라고 해석된다. 또한 발에는 날개가 달려 있고, 왼손에는 저울을, 오른손에는 칼을 들고 있다. 고대 그리스의 비극작가 에우리피데스(Euripides)[1]의 작품 이온(Ion)[2]에서 카이로스를 제우스의 막내 동생이라고 기술한 바 있다.

출처: 네이버 지식백과] 카이로스(시사상식사전, 박문각)

프랑스 인문학자 F. 라블레라는 "기회는 머리의 앞쪽으로만 털이 나 있지 뒤통수는 대머리이다. 만일 당신이 기회를 만나거든 그 앞머리를 잡도록 하라"고 말하고 있다.

삶의 가장 힘든 때를 언제라고 생각하는가?

우리가 바닥이라고 생각한 때가 과연 바닥이었는가?

바닥이라는 것은 끝이 없다. 끝없이 추락할 수 있는 것이다. "추락하는 것에는 날개가 없다"는 말을 한다. 날개란 "희망+노력"이라고 말할 수 있다. 희망에 노력을 더한다면, 능히 바닥을 치고 올라갈 수 있는 것이다.

1) 그리스의 3대 비극작가 중의 한 명이다. 3대 비극작가는 아이스킬러스(Aeschylus), 소포클레스(Sophocles) 그리고 에우리피데스(Euripides)이다.

2) 이온(Ion)은 에우리피데스의 걸작으로 작가가 창작한 아름답고 멋진 소년의 이야기인데, 그는 옛 아티카(Attica, 그리스 중남주의 지방으로 중심도시는 아테네이다)의 전설을 언급하면서 독자적인 견해 아래에서 복잡한 작품의 줄거리를 구성하여 아주 새로운 비극(悲劇)을 만들어 내었다. 속세(俗世)의 이욕(利慾)을 떠나, 조용히 신(神)에게 봉사하고 있는 주인공 이온의 모습은 작가가 충심으로 희망하는 바를 나타낸 것으로 볼 수 있다.

MEMO

- 여태까지 살아오면서 가장 힘든 때는 언제였는가?

- 어떻게 그 시간을 극복하였는가?

사례…

기회란 뭐라고 말할 수 있을까?

배 한 척이 바다 한가운데에서 강풍을 만나 전복되었다. 배에 타고 있던 한 사람은 운이 좋게도 주변에 떠 있던 나무토막을 잡고 무인도까지 떠밀려갔다. 그는 그곳에서 구출될 수 있다는 믿음을 잃지 않고 먹을 것을 찾아내어 연명하였으며, 나무로 작은 창고를 만들어 짓고, 그곳에 식량을 저장해 놓으면서 구출될 날을 기다렸다. 힘들게 한 주를 보냈지만, 그를 구하러 오는 배는 보이지 않았다. 10일째 되던 날, 천둥과 번개가 쳤고, 벼락이 창고에 불을 내자, 나무로 만든 그의 식량 창고는 홀랑 타 어렵게 모아두었던 식량은 잿더미로 변해버렸다. 그는 모든 희망이 사라졌다고 생각하고는 낙담하여 나무 위에 올라가 자살하였다. 그가 호흡을 멈춘 지 얼마 되지 않아서, 한 척의 배가 왔고, 선장은 벌어진 상황을 보고 어떤 상황이 있었는지를 모두 알 수 있었다. 한 척의 배가 온 것은 그의 나무 창고가 전소되면서, 발생한 짙고 검은 연기가 그 선장의 배를 이곳으로 오게 이끌었던 것이었다. 그 사람이 만약 조금만 더 버티기만 했어도 바로 구조될 수 있었을 것이다.

출처: 고강민(2017). 『신 HSK PT 6급』. 시사중국어사. p. 62

기회는 우리에게 어떻게 주어지는 것일까? 우리는 기회를 만들어 내는 능력을 가져야 할 뿐만 아니라, 기회를 기다리는 용기도 있어야 한다. 그렇다면 기회는 우리가 어떻게 만들어야 하는가? 이것은 마이크로소프트사의 빌 게이츠의 말이 그 답이 될 것이다.

"기회(CHANCE)"는 "변화(CHANGE)"에서 "G"가 "C"로 바뀐 것이라고 한다. 그러므로 기회는 "변화"가 가져다주는 것이라는 것을 명심해야 할 것이다.

MEMO

- 내 현재 삶에서 변화를 주고 싶은 부분은 무엇인가?

- 변화된 삶이 기회를 가져다 줄 것이라고 생각하는가?

사례…

성공

- 학생들에게 성공이 무엇인지에 대해 물어본다.
- 학생들 자신은 성공할 수 있는지에 대해 물어본다.
- 성공하기 위해 필요한 조건은 무엇인지에 대해 물어본다.
- 성공에 대한 학생들의 생각을 생각노트 또는 포스트잇에 써보도록 한다. (50자 내외)
- 참고가 될 만한 내용은 발표할 수 있게 한다.

MEMO

- 우리는 성공을 어떻게 정의내릴 수 있는가?
- 성공은 복제가 가능한가?
- 나는 성공자의 성공 스토리에서 무엇을 복제할 것인가?

랄프 왈도 에머슨(Ralph Waldo Emerson)은 "자기가 태어나기 전보다 세상을 조금이라도 살기 좋은 곳으로 만들어 놓고 떠나는 것"을 진정한 성공이라고 언급하였다.

헨리 포드(Henry Ford)는 성공을 "세상이 나에게 준 것보다 더 많이 세상에 되돌려 주는 것이 성공"이라고 규정하고 있다.

성공은 복제가 가능한가?

큰 바위의 얼굴

예전에 국어 교과서에 실렸던 『큰 바위이 얼굴』이라는 동화가 생각난다. 이 글은 미국의 소설가인 나다니엘 호손(Nathaniel Hawthorne, 1804~1864)이 집필한 단편집이며, 그 대략의 내용은 다음과 같다.

미국 남북전쟁 직후, 어니스트란 소년은 어머니로부터 바위 언덕에 새겨진 큰 바위 얼굴을 닮은 아이가 태어나 훌륭한 인물이 될 것이라는 전실(傳說)을 듣게 된다. 어니스트는 커서 그런 사람을 만나보았으면 하는 기대를 가지고, 자신도 어떻게 살아야 큰 바위 얼굴처럼 될까 생각하면서 진실하고 겸손하게 살아간다.

세월이 흐르는 동안 돈 많은 부자, 싸움 잘하는 장군, 말을 잘하는 정치인, 글을 잘 쓰는 시인들을 만났으나 큰 바위 얼굴처럼 훌륭한 사람으로 보이지 않았다. 그러던 어느 날 어니스트의 설교를 듣던 시인이 어니스트가 바로 '큰 바위 얼굴'이라고 소리친다. 하지만 연단 위에서 할 말을 다 마친 어니스트는 집으로 돌아가면서 자기보다 더 현명하고 나은 사람이 큰 바위 얼굴과 같은 용모를 가지고 나타나기를 마음속으로 바란다는 내용이다.

나다니엘 호손은 1850년 그의 대표작 『주홍글씨』가 출간되면서 소설가로서의 명성을 떨치게 된다.

어렸을 때 국어책에서 읽었던 동화인 『큰 바위의 얼굴』이라는 동화를 생각하면 성공을 이루어 내는 방법은 우리 모두 이미 알고 있는 것이다. 그러므로 우리는 하루빨리 자신이 존경하고 성공하고자 하는 부분에서 성공을 이루어 낸 사람을 찾아내 그의 생활습관을 모방을 통해 그와 같아지도록 노력한다면 분명히 성공할 것이라고 확신한다.

성공은 복제할 수 있는가? 성공은 복제할 수 있는 것이다. 성공을 복제하려면, 먼저 성공한 사람의 '신념'을 복제해야 한다. 성공은 복제가 가능하다. 신념이 충분히 확고하지 않기 때문에 일을 할 때 충분히 철저하지 못하거나, 문제에 부딪쳤을 때 주동적으로 포기하게 된다. 도중에 포기해서 실패하는 그와 같은 사람이 많다.

그 다음으로는 성공한 사람의 전략을 복제해야 한다. 전략은 바로 일을 하는 선후순서인데, 일종의 사고패턴이며 더욱이 일종의 행위방식이기도 하다. 많은 때에 우리의 실패는 우리의 선후순서가 틀렸기 때문이고, 잘못된 시간에 옳은 일을 하면 결과도 틀리는 것이다.

세 번째로 복제해야 하는 것은 성공한 사람의 몸짓이다. 적극적이고 진취적인 몸짓을 통해, 자신에게 적극적인 심리적 암시를 주고, 따라서 끊임없는 동력을 가져오게 된다.

다른 사람이 뭐라고 하는지는 듣지 말라. 가장 중요한 것은 다른 사람이 어떻게 하는가에 대한 것을 관찰하는 것이고, 그런 다음에 성공한 사람들의 신념과 전략을 찾아내어 동시에 모방하면, 우리도 언젠가는 성공 스토리 속의 주인공이 될 수 있을 것이다(고강민, 2017, p. 71).

또 복제(複製)는 다른 말로 모방(模倣)이라는 말과도 상통한다. 어떤 훌륭한 일을 성취해낸 사람을 롤모델(roll model)삼아 그의 행동과 습관을 모방하여 생활한다면 그 사람에 버금가는 성공을 이루어 낼 수 있을 것이다. 그러므로 성공하고 싶은 사람들은 성공서적을 읽고, 성공한 자들을 롤 모델로 삼아 그를 본받고자 노력한다면 성공은 이미 여러분 옆에 와 있을 것이다.

사례…

성공 = 작은 노력의 차이

물 뜨러 가는 고사

옛날에 두 큰 산 위에는 각각 한 사람이 살고 있었다. 그 산 위에는 물이 없었기 때문에 그들은 매일 똑같은 시간에 물을 뜨러 산 아래 우물로 내려와서, 물을 길어 가곤 하였다. 그런데 하루는 왼쪽 산에 사는 사람이 물을 뜨러 내려오질 않았다. 오른쪽 산에 사는 사람은 너무 궁금하였다. 그 다음날에도 왼쪽 산의 사람은 물을 뜨러 내려오지 않았다. 어디가 아픈지, 아니면 무슨 일이 생겼는지 너무 궁금해서 궁금증을 참지 못하고, 오른쪽 산에 사는 사람은 왼쪽 산에 사는 사람을 찾아갔다. 멀리서 왼쪽 산에 사는 사람이 보였는데, 그는 부지런히 일을 하고 있었다. 그렇다면 아픈 것은 아니라고 생각하니, 물을 뜨러 내려오지 않은 이유가 더 궁금해졌다. 그래서 오른쪽 산에 사는 사람은 왼쪽 산에 사는 사람을 보자마자 단도직입적으로 어째서 물을 뜨러 오지 않았냐고 묻자, 그는 다음과 같이 말하였다. "나는 오래전부터 우물을 찾기 위해 땅을 매일 조금씩 파내려가고 있었는데, 그저께 우물물이 터져 나와 더 이상 산 아래로 물을 뜨러 갈 필요가 없어졌다네. 그래서 지금은 산 아래로 물을 뜨러 가지 않는다네."라고 하였다.

한 사람은 그저 생활에 만족하고 생활하였고, 한 사람은 작지만 자신의 생활을 바꾸려는 노력을 꾸준히 노력해 왔는데, 그 결과는 너무도 큰 차이를 보이고 있는 것을 볼 수 있다. 성공도 이러한 것이라고 할 수 있다. 작지만 꾸준한 실천은 곧 성공이라는 달콤한 결과를 가져온다는 것을 잊지 말아야 할 것이다.

MEMO

- 성공하기 위해 가장 필요한 것은 무엇인가?

- 나는 성공을 위해 어떤 노력을 하고 있는가?

사례…

성공과 함께 하는 단어는 비움, 외로움, 오해

이 세상은 정말 공평하여, 당신이 어떤 것을 얻고자 한다면 반드시 다른 것은 버려야 한다. 소위 '기꺼이 버린다'가 말하는 것 또한 먼저 버리는 것이 있으면 후에 얻는 것이 있다는 것이다. 만약 당신이 성공한 사람이 되고자 한다면, 당신은 반드시 평범한 사람들이 가진 모든 즐거움을 포기해야 한다. 예를 들면, 인터넷을 하고, 수다를 떨고 따분한 드라마를 보는 것 등이다. 동시에 또 평범한 사람들이 감당하고 싶어 하지 않는 고통을 감당해야 한다. 예를 들면, (외로움, 오해) 등이다. 이것이 바로 많은 사람들이 성공하지 못하는 원인이다.

강렬한 성공의 염원을 가지고 있는 사람들, 그들이 보는 것은 성공 이후이다. 그들은 성공해야만 진정으로 고통을 해소하고 즐거움을 얻을 수 있다는 것을 분명히 알고 있기 때문에, 그래서 그들은 반드시 성공하려는 것이다. 또한 그들은 성공의 길에는 어떤 것은 반드시 포기하고 감당해야 한다는 것을 더욱 분명히 알고 있다. 그래서 그들은 버리는 것을 희망한다.

출처: 리우윈(劉云) · 해커스 HSK 공저(2015). 『해커스 중국어 HSK 5급 해설집』. p. 81

- 이 사례가 우리에게 주는 교훈은 무엇일까?
- 성공은 나와 관계가 없는 것이라고 우리는 생각하고 있지는 않은가?
- 우리가 하는 작은 노력이 쌓이는 것이 곧 성공인 것이다.

MEMO

- 나의 성공을 방해하는 가장 큰 적은 무엇인가?

- 내 성공을 방해하는 요소를 어떻게 극복할 수 있는가?

훈련을 하다보면 늘 한계가 온다. 근육이 터져버릴 것 같은 순간, 숨이 턱까지 차오르는 순간, 주저앉아 버리고 싶은 순간…. 이런 순간이 오면 가슴속에서 뭔가가 말을 걸어온다. '이 정도면 됐어, 다음에 하자', '충분해' 하는 속삭임이 들린다. 이런 유혹에 문득 포기해버리고 싶을 때도 있다. 하지만 이때를 포기하면 안 한 것과 다를 바 없다. 99℃까지 열심히 온도를 올려놓아도 마지막 1℃를 넘기지 못하면 영원히 물은 끓지 않는다고 한다. 물을 끓이는 것은 마지막 1℃이다. 포기하고 싶은 그 1분을 참아내는 것이다. 이 순간을 넘어야 다음 문이 열린다. 그래야 내가 원하는 세상으로 갈 수 있다.

– 김연아, 자서전 「김연아의 7분 드라마」 중에서

사례

성실 = 성공이라고 말할 수 있을까?

MEMO

- 성실=성공이라는 공식이 성립될까?

- 내 생활에서 내가 성실하다고 말할 수 있는 것은 무엇인가?

옛날에 현명하여 사람들이 우러러보는 국왕이 있었다. 그는 나라를 질서 정연하게 통치해 백성들은 안정된 생활을 누리며 즐겁게 일했다. 그러나 국왕을 근심케 하는 일이 있었으니 그의 나이는 점점 많아지는데, 자녀가 없어서 왕위를 계승할 사람이 없다는 것이었다. 결국 그는 전국에서 아이를 하나 뽑아 자신의 양자로 삼기로 결정하고 그를 후계자로 키우기로 했다.

그런데 어떻게 전국에서 적당한 사람을 고른단 말인가?(학생들의 방법 또는 생각을 들어본다) 국왕은 오랜 시간 생각한 끝에 좋은 방법을 생각해냈다. 이날 그는 대신에게 전국의 아이들에게 꽃씨를 나누어주라고 명령했다. 그리고 가장 아름다운 꽃을 키워내는 사람이 그의 양자가 될 것이라 선포했다.

이 소식을 듣고 씨를 받은 아이와 부모들은 정성껏 꽃을 키우기 시작했다. 매일 아침부터 저녁까지 물을 주고 비료도 주고 흙을 푹신하게 하고 벌레도 잡는 등 조금도 게을리하지 않았다. 모두들 자신이 행운아가 되길 바랐다.

롱와(龍娃)라는 남자아이가 있었는데, 그 역시 하루 종일 정성껏 꽃씨를 키웠다. 그는 매일 화분 앞에서 꽃씨에게 안부를 묻고 대화를 하면서 빨리 자라길 기대했다. 그러나 열흘, 보름 그리고 한 달이 지났지만 화분 속 씨는 싹조차 나지 않았으니 꽃을 피우는 것은 말할 필요조차 없었다. 롱와는 크게 상심했고, 조급해하며 어머니에게 물었다. 어머니는 흙을 바꾸고 비료를 좀 많이 주라고 했다. 롱와는 어머니의 말대로 했지만 시간이 지나도 화분에는 아무것도 자라지 않았다. 롱와와 어머니는 속수무책으로 어찌할 바를 몰랐다.

마침내 국왕이 꽃을 보기로 결정한 날이 왔다. 예쁜 옷을 입은 수많은 아이들이 길로 나왔고, 그들은 각자 꽃이 활짝 핀 화분을 들고 기대에 가득 찬 눈빛으로 천천히 순시하고 있는 국왕을 바라보며 그의 칭찬을 받기를 바라고 있었다. 국왕은 각양각색의 아름다운 꽃들을 자세히 바라봤지만 아이들을 둘러보는 국왕의 눈 속에는 모두가 생각하는 것만큼 기쁨이 없었고 실망만 가득했다.

국왕이 환궁하려고 할 때, 문득 군중들 뒤편에서 빈 화분을 들고 있는 롱와를 발견했다. 롱와는 풀이 죽은 채 그곳에 서 있었고, 눈가에는 눈물이 고여 있었다. 국왕은 대신들에게 롱와를 앞으로 불러오게 한 후 그에게 "다른 아이들은 모두 아름다운 꽃을 가져왔는데 너는 어찌 빈 화분을 가져 왔느냐?"라고 물었다.

롱와는 국왕의 물음을 듣고 억울해하며 울기 시작했다. 그는 자신이 씨앗들을 정성껏 보살폈는데도 싹이 나지 않았던 일을 이야기했다. 그리고 그는 국왕에게 말했다. "폐하! 제 생각에 이것은 인과응보인 것 같습니다. 저는 다른 이의 화원에서 사과 하나를 훔쳐 먹은 적이 있었는데, 그래서 하늘이 제 씨앗의 싹을 트지 않게 하신 것 같습니다." 롱와의 말을 듣고 국왕은 화를 내기는커녕 오히려 얼굴에 웃음이 피었다. 국왕은 롱와를 안고 큰 소리로 "과인이 찾는 아이가 바로 너로다"라고 말했다.

"왜 이렇게 된 겁니까? 롱와는 분명 꽃을 피워내지 못했습니다!" 모두들 의아해하며 국왕에게 물었다.

국왕은 "과인이 원한 것이 바로 이것이다. 내가 아이들에게 준 씨앗은 모두 끓는 물에 삶은 것으로 원래부터 꽃을 피울 수 없는 것이었다."라고 말했다.

국왕의 말을 듣고 꽃을 들고 있던 아이들은 모두 고개를 숙였다. 왜냐하면 그들의 손에 있던 화분의 꽃은 국왕이 준 씨앗을 쓰지 않고 다른 것을 심어 키워낸 것이었기 때문이었다.

출처: 남미숙(2017). 『新 HSK 한권으로 끝내기-6급』 해설서. 「다락원. p. 281

MEMO

- 우리는 과연 빈 화분을 들고 서 있을 수 있었을까?

- 이 글에서 나는 어떤 교훈을 받았는지에 대해 서로 이야기해 보자.

5. 의사소통의 부재

사례

고성(高聲)

- 우리는 의사소통이 안 되면 왜 큰 소리를 지르는 걸까?
- 내가 큰 소리를 치는 이유는 뭘까?
- 서로의 생각을 교환해 보자.
- 포스트잇이나 생각노트에 소리 지르는 이유를 써보자. (50자 이내)

MEMO

- 우리가 어떤 상황에서 누구한테 소리를 지르는지 써 봅시다.

- 소리를 지르지 않으면 안 되는 이유를 써 봅시다.

- 소리를 지른 후 그 사람과의 관계는 어떻게 되었습니까?

김 교수가 자신의 학생들에게 다음과 같이 물어보았다. "왜 사람은 화가 났을 때, 소리를 지를까요? 그 이유는 뭘까요?" 그러자 학생 중 한 명이 "우리가 냉정함을 잃었기 때문입니다."라고 대답하였다.

"그런데 왜 다른 사람이 당신 곁에 있는데도 여러분은 여전히 소리를 지를까요? 작은 소리로 말하면 안 되나요?" 교수는 또 물었다.

학생들은 제각각 잔뜩 이야기했지만, 교수를 만족시키는 대답은 없었다. 마지막에 교수는 설명했다. "두 사람이 화가 났을 때는 마음의 거리가 멀어지는데, 상대방이 이렇게나 멀리 있는 거리에서도 들을 수 있게 하기 위해서 소리를 질러야 합니다. 하지만 소리를 지르는 동시에 더욱 화가 나게 되고, 거리는 더욱 멀어지죠. 거리가 더욱 멀어지면 더 크게 소리를 질러야 하고……"

그는 이어서 계속 말했다. "두 사람이 연애할 때는 또 어떨까요? 상황은 딱 반대입니다. 소리를 지를 필요도 없고 게다가 작은 목소리로 이야기해도 됩니다. 왜 그럴까요? 그들의 마음은 가깝고, 마음과 마음의 사이에 거리가 거의 없기 때문에, 서로 연애 중인 두 사람은 통상적으로 귓속말처럼 말하는데, 마음속의 사랑은 더욱 깊어지고 나중에는 아예 말도 필요가 없고, 단지 눈빛만으로도 감정을 전달할 수가 있게 되죠. 그때는 이미 마음과 마음 사이에 거리가 없게 되었다는 것을 말하는 것입니다."

마지막에 교수는 다음과 같이 하나의 최종 결론을 내렸다. 두 사람이 다툴 때, 마음의 거리가 멀어지게 하지 마세요. 더욱이 마음의 거리가 더욱 멀어지게 하는 말은 하지 마세요. 며칠 지나서 마음의 거리가 가까워졌을 때, 다시 잘 이야기하세요 라고...

출처: 고강민(2017(. 『新 HSK PT 6급』. 시사중국어사. pp. 73~74 인용

사례…

지혜

- 지식보다는 지혜가 더 중요하다
- 지혜로운 사람이 되기 위해서 우리는 어떠한 노력을 하고 있는가?

하루는 대신 기효람(紀曉嵐)과 유용(劉墉)이 건륭(乾隆) 황제를 모시고 어화원(御花園)에서 산책을 하고 있었다. 기효람이 유용에게 묻기를, "자네 고향인 산동의 무는 얼마나 큰가?" 유용이 듣고 희색이 만면하여 신이 나서 자신 고향의 안팎으로 유명한 큰 무를 손짓으로 묘사해 주었다. 기효람은 수긍하지 않으며 말하였다. "자네 산동의 무가 아무리 커도 우리 직예(直隸)의 것만큼은 크지 못할 걸세." 유용은 듣고 나서 굴복할 수 없었다. 왜냐하면 산동의 무가 각지에 팔려나가고 명성이 자자한 것은 누구나 알고 있기 때문이었다. 두 사람은 이 때문에 논쟁이 끊이지 않았다. 건륭황제는 듣더니 재미있다고 생각하며 말했다. "이게 뭐 대수인가. 자네들 두 사람 내일 각자 가장 큰 무를 준비해서 조정에 내놓아 모두에게 평가해 달라고 하게나."

이튿날 유용은 큰 무 하나를 조정에 가져왔고, 대신들은 그렇게나 큰 무를 보고 모두 감탄해 마지않았다. 건륭은 기효람에게 물었다. "자네 무는 어디에 있는가?" 기효람은 소매에서 마르고 작은 무 하나를 꺼냈다. 대신들은 보고 나서 그가 무슨 속셈인지 알지 못해 의견이 분분했다. 건륭 역시 궁금함에 답답하여 기효람에게 물었다. "자네 이게 무슨 장난인가?" 기효람은 당황하지도 서두르지도 않아 보였고, 매우 간절한 말투로 말했다. "황제께 아뢰옵니다. 저는 직예 전체를 찾아다녀 겨우 이 가장 큰 무를 찾아내었습니다. 직예의 토양이 척박하고 게다가 근 반년 동안 재해가 끊이지 않아, 농작물 수확도 좋지 않습니다. 백성들은 너무 많은 세금을 낼 방법조차 없습니다. 부디 황제께서 고명한 판단을 해주시길 청합니다."

건륭은 그때서야 기효람이 이 기회를 빌어 직예성의 경제가 어렵다는 것을 반영하고 있다는 것을 알게 되었다. 그리하여 그는 잠시 생각하더니 말했다. "직예는 궁핍하니 세금을 덜 내고, 산동은 부유하니 세금을 더 내도록 하겠다."

출처: 고강민(2017). 『신 SK PT 6급』. 시사중국어사. p. 114

쉬어가는 페이지 ❶

1. 병뚜껑의 주름은 몇 개인가?

2. 모차르트는 피아노를 배우러 오는 사람에게 수업료를 차등해서 받았다.
   처음 배우는 사람은 1시간에 10E(유로)
   배우다가 온 사람에게는 1시간에 15E(유로)
   그 이유는 무엇일까요?

3. 시계 광고에서 시계가 나타내는 시간은 몇 시 몇 분일까요?
   그 이유는 무엇일까요?

4. FedEx 로고에서 보이는 것은 무엇인가요?

5. 끝말잇기에서 끝없는 끝말잇기의 단어는?

6. 서로 아이의 엄마라 주장하며, 아이를 데려가려는 상황에서 솔로몬은 어떻게 진짜 아이의 엄마를 가려냈나요?

사례…

오해(誤解, misunderstanding, misconstruction)

- 학생들에게 오해가 무엇인지에 대해 물어본다.
- 어떤 때 우리들은 오해하게 되는지에 대해 의견을 교환한다.
- 오해라는 것을 알았을 때, 어떻게 오해를 푸는지에 대해 발표해 본다.
- 학생들의 생각을 생각노트 또는 포스트잇에 써보도록 한다. (50자 내외)
- 참고가 될 만한 내용은 발표할 수 있게 한다.

잘못된 판단

새벽 2시에 술집 주인이 가게 문을 잠그고 잠을 자러 집에 갔다. 그러나 그가 막 누운 지 몇 분이 되지 않아 집 전화가 울렸다. "몇 시에 영업합니까?" 그는 이미 확연하게 술에 취한 남자의 목소리를 들었다. 가게 주인은 매우 화를 내며, 전화를 세게 끊어버리고는 다시 잠을 자기 위해 침대에 올랐다. 그러나 몇 분 후 또 전화가 왔고, 그는 역시 그 목소리가 같은 질문을 하는 것을 들었다. "잘 들어!" 주인은 고함을 쳤다. "나한테 언제 영업하는지 묻지 마! 왜냐하면 난 너 같은 사람을 들어오게 하지…….", "저는 들어가고 싶어서 그러는 게 아니고요." 그 사람은 그의 말을 끊었다. "전 나가야 한다고요."

출처: 리우윈(劉云) · 해커스 HSK 공저(2015). 『해커스 중국어 HSK 5급 해설집』. p. 89

MEMO

• 최근에 내가 한 오해는 무엇이 있었는가?

• 왜 그런 오해를 하게 되었는지에 대해 이야기해 봅시다.

• 오해에 대한 각자의 경험 사례를 말해 봅시다.

사례…

오해란 내 생각의 잘못에서 기인됨

한 쌍의 젊은 부부 맞은편에 새 이웃이 이사를 왔다. 둘째 날 아침 그들이 아침밥을 먹을 때, 젊은 부인은 새로 이사 온 이웃이 밖에서 옷을 말리고 있는 것을 보았다.

부인이 살펴보더니 남편에게 말했다. "새 이웃은 정말 형편없어요. 그 여자의 옷들은 깨끗이 세탁되지 않았어요. 어쩌면 그녀는 어떻게 세탁하는지 모르나 봐요. 어쩌면 그녀는 좋은 세제가 필요한지도 몰라요." 남편은 부인을 보더니 침묵을 지켰다.

이렇게, 매번 새 이웃이 옷을 말릴 때마다, 부인은 상대방을 비평하고 매번 남편은 그저 침묵을 유지할 뿐이었다. 대략 한 달 후, 젊은 부인은 놀랍게도 이웃의 빨래 줄에 의외로 깨끗한 옷이 걸려 있는 것을 발견했는데, 마치 새것 같아 보였다. 그녀는 크게 소리치며 남편에게 말했다. "빨리 보세요! 우리의 새 이웃이 드디어 세탁하는 법을 배웠나 봐요. 그녀가 이번에 세탁한 옷은 아주 깨끗해요. 누가 그녀에게 이걸 가르쳐줬는지 알고 싶네요."

이번에 남편은 침묵하지 않고 대답했다. "내 생각엔 결코 누가 그녀에게 세탁하는 법을 알려준 것이 아닌 것 같소. 단지 내가 오늘 아침에 일찍 일어나서, 우리 집의 유리를 깨끗이 닦았소."

우리가 모든 평가를 하기 전에, 반드시 자신의 '창문'을 깨끗이 닦아야 한다. 자신은 객관적인지, 상대방의 좋은 면을 볼 수 있는지, 그저 상대방의 문제만 찾아내는 것은 아닌지 점검해야 한다.

출처: 리우윈(劉云) · 해커스 HSK 공저(2017). 『해커스 중국어 HSK 6급 해설집』. p. 107

사례

의심병은 자신감의 부족에서 발생

사회적 교류를 할 때, 어떤 사람은 자주 다른 어떤 일이든지 자신과 관련이 있다고 생각하여 타인의 언행에 지나치게 민감하고 많이 의심하는데, 이것이 바로 의심병이다. 사람들에게서 무엇 때문에 의심병이 나타나는 것일까?

옛말에 '서로 오래 알고지내면, 서로 의심하지 않는다.'라고 했다. 반대로, 서로 잘 알지 못하면 반드시 오랫동안 서로를 의심한다. 하지만 '타인에 대한 믿음'의 부족은 흔히 '자신감'의 부족과도 서로 관련이 있다. 이것저것 의심하는 사람은 다른 사람을 의심하는 것처럼 보이지만, 사실상 자신에 대한 의심이기도 하며, 적어도 자신감이 부족한 것이다. 일부 사람들은 어떤 분야에서 다른 사람보다 못하다고 생각하기 때문에 항상 다른 사람들이 자신에 대해 왈가왈부하고 자신을 얕보며 자신을 음해한다고 여긴다. 사람은 자신감이 충만할수록 다른 사람을 더 쉽게 믿고 의심병이 쉽게 생기지 않는다.

의심을 제어하려면 4가지 방법으로 시도해야 한다. 첫째, 자신감을 길러야 한다. 모든 사람은 자신의 장점을 봐야 하며, 자신감을 길러야 한다. 자신이 주변 사람들과 인간관계를 원만히 하고, 다른 사람에게 좋은 인상을 남길 수 있다고 믿어야 한다. 둘째, 이성적인 힘으로 충동적인 감정이 생기는 것을 억제해야 한다. 자신이 다른 사람을 의심하기 시작했다는 것을 알았을 때에는 곧바로 의심이 생긴 원인을 찾고, 사고가 형성되기 전에 긍정적, 부정적 두 측면의 정보를 끌어와야 한다. 셋째, 자기 위로를 배워야 한다. 사람이 살면서 다른 사람의 비난과 헛소문을 겪고 타인과 오해가 생기는 것은 놀라만한 일이 아니다. 삶의 세세한 부분에서까지 시시콜콜 따질 필요 없이 얼렁뚱땅 넘어가면 된다. 이렇게 하면 고민을 피해갈 수 있다. 마지막으로, 즉시 대화하여 의혹을 해소해야 한다.

출처: 리우윈(劉云) · 해커스 HSK 공저(2017). 『해커스 중국어 HSK 6급 해설집』. p. 109

사례

갈등(葛藤, conflict, strife, discord, dissension, feud)

1) 갈등(葛藤)이란?

갈등(conflict)의 어원은 라틴어의 콘피게레(fonfigere)인데, 이것은 '함께'라는 의미의 콘(con)과 '충돌이나 다툼'을 의미하는 피게레(figere)가 합쳐진 합성어로 개인이나 집단 간에 서로 충돌한다는 뜻을 가지고 있다. 일반적으로 조직을 구성하는 개인과 집단, 조직 간에 잠재적 또는 현재적으로 대립하고 마찰하는 사회적·심리적 상태를 말한다.

2) 갈등관리(葛藤管理)란?

갈등이나 의견의 불일치는 불가피하며 본래부터 좋거나 나쁜 것이 아니라는 점을 인식하는 것이 중요하다. 갈등이 해결되지 않고 방치된다면, 팀의 발전을 저해할 수 있다. 그러나 갈등을 잘 관리한다면 갈등을 통해 합리적인 의사결정을 이끌어 낼 수 있다. 결국 여러분과 조직이 갈등을 어떻게 관리하느냐에 따라 결과는 달라진다.

- 학생들에게 갈등이 무엇인지에 대해 물어본다.
- 갈등을 겪고 있는 문제는 무엇인지에 대해 이야기해 본다.
  (부모 자식 간의 갈등, 선생님과 학생과의 갈등, 친구 간의 갈등, 직장 동료 및 상사 간의 갈등, 성차별로 인한 갈등 등등)
- 학생들의 생각을 생각노트 또는 포스트잇에 써보도록 한다. (50자 내외)
- 참고가 될 만한 내용은 발표할 수 있게 한다.

타인의 요구를 거절할 때는 태도에 주의해야 한다

다른 사람이 당신에게 한 가지 성가신 일을 부탁할 때 갈등이 생긴다. 한편으로는 만약 당신이 받아들인다면 당신이 괴로울 것이고, 다른 한편으로는 만약 거절한다면 당신이 미안하거나 혹은 상대방이 언짢아하여 심지어는 당신에게서 떠나갈 것을 걱정할 것이다. 이 갈등을 없애는 하나의 원칙은 '온화하지만 확고함'이다. 먼저는 확고함이다. 즉, 자신이 입장을 꿋꿋이 지키고, 어찌 되었든 간에 바꾸지 않는다. 다음은 온화함이다. 상대방이 어떤 기분이든지 어떤 일을 하든 간에 당신의 마음은 온화해야 하고, 통제력을 잃지 말아야 한다.

출처: 리우윈(劉云)· 해커스 HSK 공저(2015). 『해커스 중국어 HSK 5급 해설집』. p. 98

사례…

문제해결에 조바심은 금물

일이 발생했을 때는 결론을 내리기 위해 급히 서두르면 안 된다. 설령 답이 있을지라도 기다려야 한다. 어쩌면 더 좋은 해결 방식이 있을 것이다. 다른 각도에 서면 다른 답이 있다. 위치를 바꿔 생각할 줄 알아야 하며, 특히 골칫거리를 마주했을 때, 반드시 기다릴 줄 알아야 한다. 많은 경우, 골칫거리가 풀릴 뿐만 아니라 어쩌면 좋은 기회가 올지도 모른다.

출처: 리우윈(劉云) · 해커스 HSK 공저(2015). 『해커스 중국어 HSK 5급 해설집』. p. 131

쉬어가는 페이지 ❷

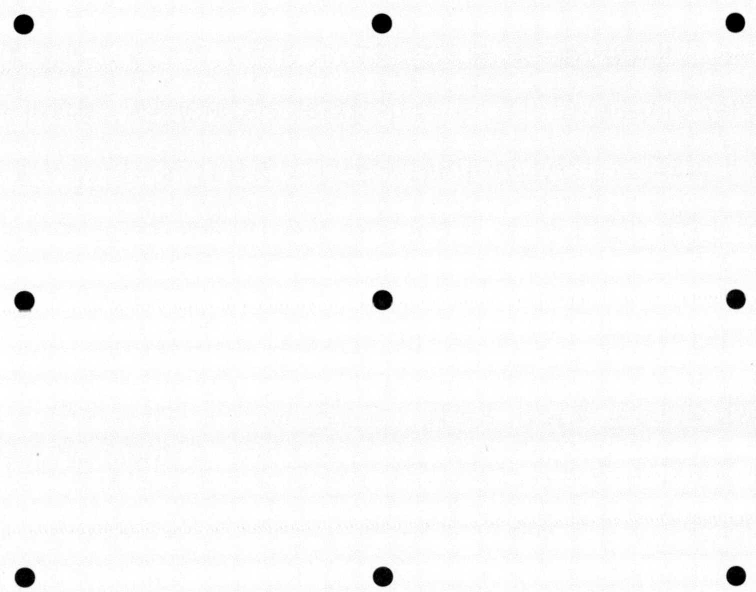

아홉 개의 점을 연필을 떼지 않고 연결해 보시오.

파격(破格, exception)이란 단어를 연상해 보시오.

6. 바람직한 의사소통을 저해하는 요인

1) '일방적으로 말하고, 일방적으로 듣는' 무책임한 마음

누구나 실질적인 업무를 맡으면 실수를 범하지 않도록 주의를 기울이는 법이다. 하지만 의사소통을 하는 데 혹시 정확히 전달되었는지, 정확히 이해했는지를 확인하지 않고 그 순간을 넘겨버린다면 서로 엇갈린 정보를 가지게 된다. 이러한 것은 의사소통기법의 미숙, 표현능력의 부족, 이해능력의 부족에서 나타난다.

2) '전달했는데', '아는 줄 알았는데'라고 착각하는 마음

사소한 것이라도 엇갈린 정보를 바로잡지 않은 채 커뮤니케이션을 하면 업무상 문제가 발생한다. 하지만 자신은 전달했는데, 아는 줄 알았는데 하며 착각에 빠져 있기 때문에 업무상의 문제를 정보공유의 부족에서 오는 것이라고 생각하지 않는다. '~는데'에서 오는 착각은 서로에게 엇갈린 정보만 갖게 할 뿐이다. 이러한 문제에 빠지는 것은 평가적이며 판단적인 태도와 잠재적 의도에서 이러한 문제가 발생하게 된다.

3) '말하지 않아도 아는 문화'에 안주하는 마음

말하지 않아도 안다, 호흡이 척척 맞는다, 일은 눈치로 배워라 등과 같이 직접적인 대화를 통해서 관계하는 것보다, 오히려 눈치를 중요시하는 의사소통을 미덕이라고 생각하는 경향이 있다. 말하지 않아도 통하는 관계는 최고의 관계이지만, 비즈니스 현장에서 필요한 것은 마음으로 아는 눈치의 미덕보다는 정확한 업무처리임을 명심해야 한다. 이러한 잘못에 빠져드는 이유는 과거의 경험과 선입견과 고정관념의 영향이 크다.

쉬어가는 페이지 ❸

● 성냥개비 10개를 | | | | | | | | | | 두 개를 넘어 합쳐서, ‖ ‖ ‖ ‖ ‖ 형태로 만드시오. 단, | ‖ ‖ | 이러한 상태에서는 넘어갈 수 없습니다.

● 성냥개비 8개를 가지고 정사각형 3개를 만들어 보시오. (| | | | | | | |)

2 Chapter 문서이해능력

사례…

오른손잡이와 왼손잡이 누가 더 똑똑할까?

- 학생들에게 위의 명제 중 어떤 것이 맞는지 물어본다.
- 학생들은 자신은 어떤 손잡이인가?
- 학생들의 생각을 생각노트 또는 포스트잇에 써보도록 한다.
- 참고가 될 만한 내용은 발표할 수 있게 한다.

당신은 아마 이미 대다수의 사람이 오른손으로 글을 쓰고 젓가락을 잡는 것이 익숙해서 대다수의 사람이 오른손은 왼손보다 민첩하다는 것을 알아차렸을 것이다. 만약에 그렇지 않다면, 우리는 그들을 '왼손잡이'라고 부른다.

왜 오른손은 왼손보다 더 민첩할까? 이것은 습관상의 원인일 뿐만 아니라, 사람 뇌의 좌우 양반구의 기능이 나뉘어져 일하는 것과 관련이 있다. 과학자들은 연구에서 사람 뇌

양반구는 각 부위의 기능이 다 같지는 않고, 게다가 나뉘어져 일한다고 밝혔다. 총체적으로 말하자면, 좌반구는 사람의 우반신의 동작을 책임지고, 우뇌는 좌반신의 동작을 책임진다. 구체적으로 말하면, 좌뇌는 '문학 뇌'로, 주로 사람의 언어와 그것과 관련 있는 읽기, 쓰기, 듣기, 말하기 및 계산 등의 활동을 처리하고, 이해하고, 분석하고, 판단하는 등의 추상적인 사고기능이 있고, 이성적이고, 논리적인 특징이 있어, '이성 뇌'라고 부르기도 한다. 우뇌는 '이미지 뇌'라고 불리고, 도형 기억, 공간 파악, 음악, 미술, 기술 등의 방면에서 비교적 큰 우월성이 있다. 그것은 우월성과 직관의 특징이 있기 때문에, '감성 뇌'라고 불리기도 한다.

사람들의 대량의 사고활동은 좌뇌에 더욱 많이 집중되어 있기 때문에, 좌뇌의 사용은 빈도율이 비교적 높다. 이 때문에 오른손, 오른쪽 눈은 좌뇌가 지배하는 대상으로 삼아, 상대적으로 봤을 때 왼손, 왼쪽 눈보다 더 많이 사용한다. 우리는 왜 '오른손잡이'가 많고, '왼손잡이'가 적은지 알 수 있다.

일반인의 입장에서 봤을 때, 오른손은 왼손보다 민첩하다. 하지만 만약에 당신이 왼손잡이라면 이 때문에 고민하지 말라. 과학자들은 일부 연구에서 왼손잡이가 사람의 우뇌를 개발하는 것에 큰 이익이 있다는 것을 밝혔다. 세 살 이전에 활약하는 것은 주로 우뇌인데, 우리의 성장과정 중에는 좌뇌에 대한 사용이 갈수록 많아지지만 우뇌의 사용은 오히려 갈수록 적어지고, 게다가 좌뇌식의 시험 위주의 교육은 우뇌 기능을 장기간 억압하여, 깊은 수면상태에 들어가게 하고, 그리하여 우뇌 특유의 상상력, 창조력, 초고속 기억능력과 영감 등 이러한 천재가 되는 능력들은 발전의 기회를 얻지 못한다. 그래서 진정한 영재 심지어 천재를 양성하고 싶다면, 거대한 잠재력을 가지고도 깊은 수면상태에 처해 있는 우뇌를 개발하고 이용하기 시작해야 한다.

출처: 고강민(2017). 『신 HSK PT 6급』. 시사중국어사. pp. 212~213

MEMO

• 오른손잡이와 왼손잡이의 장점과 불편한 점을 이야기해 봅시다.

사례

교육(敎育, education)이란 무엇인가?

- 우리는 왜 배워야 하는지에 대해 물어본다.
- 학생들에게 교육이 무엇인지에 대해 물어본다.
- 자신의 자녀를 어떻게 교육시킬 것인가?
- 학생이나 자녀에게 거부감 없이 교육시킬 수 있는 방법은 무엇인지 말해 본다.
- 학생들의 생각을 생각노트 또는 포스트잇에 써보도록 한다. (50자 내외)
- 참고가 될 만한 내용은 발표할 수 있게 한다.

MEMO

- 유대인의 교육(하브르타, chavruta)의 특징은 무엇인가?

유대인의 경전을 토라(Torah)라고 하는데, 이 토라를 유명한 랍비(rabbi, 유대교의 율법교사에 대한 경칭)들이 현대적 감각으로 해석 및 각주를 달아 놓은 것을 우리가 잘 아는 "탈무드(Talmud)"라고 하는데, 탈무드는 우리말로 "교훈"이라는 뜻이다.

MEMO

토론식 교육의 중요성

- 부(富)의 분배에 대한 유대인의 생각을 이야기해 보자.
  (부자, 낙타, 바늘귀)

사례…

(폭포심리효과) 의사표현의 중요성

누군가가 아무렇게나 무심코 뱉어낸 말이 오히려 다른 이의 마음속에서는 큰 반응을 불러일으킨다. 이러한 현상을 심리학에서는 '폭포심리효과'라고 부른다. 정보를 내보내는 심리는 비교적 평온하지만, 정보를 받는 사람은 오히려 불안한 마음이 생기게 되고, 따라서 그의 태도와 행위는 그것에 따라 변화가 발생하게 만든다. 이러한 심리효과는 폭포와 같다. 상류는 사실 매우 평온한데, 협곡에 이르러서는 아주 빨라진다. '폭포심리효과'는 학급의 관리에서도 똑같이 존재한다. 선생님의 무의식 속에서 말 한마디와 동작 하나, 심지어 표정 하나가 모든 학생에게 심리 또는 행위상의 변화를 가져다줄 수 있다. 만약에 교사가 부정적인 기분으로 일을 한다면, 틀림없이 학생들은 딱딱함을 느끼게 할 것이다. 반대로, 만약에 교사가 기분이 즐겁다면, 학생 또한 편하고 자유로움을 느끼고, 사제관계 또한 더욱 좋아질 것이다. 마찬가지로, 우리는 다른 사람과 교류할 때에도 자신의 언행에 주의해야 한다.

출처: 고강민(2017). 『신 HSK PT 6급』. 시사중국어사. p.72

사례…

콩나물시루 교육

필자는 개인적으로 문화부장관과 이화여대 석좌교수를 역임한 이어령 박사를 존경하고 있고, 또 많은 부분에서 닮아가도록 노력하고 있다. 이어령 박사는 "나의 동력은 지적 호기심, 제 머리로 끊임없이 생각할 때, 1초 전의 나와 1초 후의 나는 달라집니다."라고 말하고 있듯이, 연세가 있음에도 꾸준히 연구하고 공부하는 모습을 보여 주고 있을 뿐만 아니라, 촌철살인의 번득이는 지혜를 후학에게 아주 인상 깊게 남겨줌으로써 실용적인 학문 연구를 강조한 것은 아직도 학문 연구에 있어 큰 영향을 주고 있다. 오늘 여기서 말하고자 하는 것은 이어령 박사께서 말씀하신 '콩나물시루 교육'을 이야기해 보려고 한다.

요사이 젊은이들은 콩나물을 어떻게 키우는지 모를 것 같으니, 콩나물 키우는 방법을 알려주면서 콩나물시루 교육에 대해 이야기한다. 콩나물을 키우기 위해서는 메주를 담는 메주콩이라고 불리는 노란 콩과 시루(시루는 밑바닥에 큰 구멍들이 나 있는 화분 같은 형태의 그릇) 그리고 그 시루의 콩을 덮을 수 있는 검은색 천이 필요하다. 먼저 노란 콩을 미리 물에 하루 이틀 불린 다음, 그 콩을 시루 밑바닥에 몇 겹으로 깔아 둔다. 그리고 검은 천으로 그늘지고 서늘한 곳에 둔다. 그런 후, 매일 아침과 저녁 두 번씩 콩나물시루에 담긴 콩에 찬물만을 부어주면 된다. 그런데 콩나물시루에 물을 부어주면 붓는 족족 아래로 모두 빠져나가기에 아무런 영양분도 콩에게는 주지 않는 것 같지만, 결과는 하루하루 물을 주다보면, 어느 순간 콩나물이 쑥쑥 자라고 있음을 알 수 있다. 검은 천으로 덮어주어야 하는 것은 콩나물이 햇빛을 보게 되면, 콩나물 머리가 파랗게 되기 때문에 꼭 빛을 가려주어야 한다. 이렇게 콩나물을 키우는 것이다. 그럼 콩나물시루 교육이란 무엇을 말하는 것인가? 그것은 아무런 도움이 되는 것 같지 않지만, 그래도 꾸준히 계속해서 교육시킨다면, 그것이 어느 순간부터는 교육의 효과를 낼 수 있다는 것이다. 다시 말해, 가르치는 사람은 가르치는 사람으로서의 모범을 보이면, 학생들은 자신도 모르게 그 사람의 모범을 닮아가게 되고, 또 학생들을 존중하는 말투를 쓸 때, 학생들은 스스로도 상대에게 존중하는 말투를 자신도 모르게 사용하게 된다는 것이다. 누구에게도 지적을 안 받으려는 현재를 사는 우리들에게 콩나물시루 교육은 더 절실하지 않을까 생각해 본다.

- 이 사례가 우리에게 주는 교훈은 무엇일까?
- 어렸을 때, 우리 부모들이 가난한 사람을 도와주어야 한다, 싸우지 말고 사이좋게 지내야 한다는 것 등등이 이러한 콩나물시루 교육이 아니었을까 생각해 본다. 여유가 있을 때, 모든 것을 아껴야 한다. 건강할 때 건강을 지켜야 한다는 것 등도 역시 콩나물시루 교육이었던 것이라는 생각을 해 본다.

사례…

거절[拒絶, refusal, rejection, denial, rebuff(퇴짜, 묵살)]

- 학생들은 어떻게 거절하는지에 대해 물어본다.
- 상대방에게 치욕이나 자존심을 상하게 하지 않으면서 기절할 수 있는 방법에 대해 서로의 의견을 교환한다. 참고가 될 내용은 발표한다.
- 학생들의 생각을 생각노트 또는 포스트잇에 써보도록 한다. (50자 내외)

MEMO

- 거절은 어떻게 해야 서로에게 상처가 남지 않을까?

- 좋은 방법을 서로 이야기해 보자.

재치 있게 거절하는 방법(林語堂 사례)

중국의 언어학자인 린위탕(林語堂, 1895~1976)[1]은 재치와 유머가 있기로도 유명하였는데, 하루는 그가 중국의 유명대학에 초청되어 관계자들과 식사를 하게 되었다. 그런데 그 자리에서 그를 초대한 학교의 총장은 어렵게 린위탕을 초대한 자리였고, 이러한 기회는 또 만들기 어렵다는 생각에서 그에게 학생들에게 강연을 해 줄 것을 부탁하였다. 그러나 린위탕은 그런 갑작스러운 강연을 아주 싫어하였다. 왜냐하면 그는 강연을 하기 위해서는 많은 시간 준비를 해야 하였고, 이러한 철저한 준비에 의해 성공적인 강연이 이루어졌던 것이다. 그런데 갑작스러운 강연 요청은 그러한 준비가 되어 있지 않았기 때문에 아주 싫어하였다. 그러나 린위탕은 싫은 내색을 하지 않고 연단으로 올라갔고, 다음과 같은 말을 하고 연단에서 내려왔다. "고대 시대의 로마에서는 죄수들을 경기장에 풀어놓고, 굶주린 사자나 호랑이를 그곳에 풀어놓아 사자나 호랑이 등의 맹수의 밥이 되게 하는 경우가 종종 있었다. 하루는 이러한 광경을 보기 좋아하는 황제가 죄수를 경기장에 세워두고, 그곳에 사자를 풀어 놓아 사자가 그 사람을 잡아먹는 모습을 지켜보도록 하였다. 죄수의 몸집은 그리 좋지는 않았으나, 아주 용기가 있어 보였다. 황제가 명령을 내리자, 죄수가 있는 곳으로 우리에 갇혀 있던 사자가 풀려나왔다. 굶주린 사자는 그를 보자마자 달려들었고 잡아먹으려고 할 때, 그 죄수가 사자의 귀에 대고 무어라고 하자, 사자는 그를 잡아먹지 않고 그냥 순순히 다시 우리 쪽으로 돌아갔다. 그러자 황제는 희한하게 생각하며, 이번에는 호랑이를 내보내 그를 잡아먹게 하라는 명령을 내렸다. 우리에서 나온 배고픈 호랑이 역시 그를 보자마자 달려들어 잡아먹으려고 하였으나, 그때 그 죄수가 호랑이 귀에다 대고 뭐라고 하니 호랑이 역시 고개를 설레설레 흔들면서 다시 자기의 우리로 돌아갔다. 이를 본 황제는 너무 기가 막혀 그 죄인을 불러 도대체 사자와 호랑이에게 뭐라고 했는데, 너를 안 잡아먹고 그냥 우리로 들어갔느냐고 물었다. 그러자 그 죄인은 다음과 같이 말했다. 나를 잡아먹으면, 너는 강연을 해야 돼." 라고.

1) 린위탕은 미녀(美女)를 해어화(解語花)라고 말을 알아듣는 꽃이라는 말로 은유적으로 표현한 것도 유명하며, 또 김진명 작가의 『글자전쟁』에서 "한자(漢字)는 한민족(韓民族)이 만든 문자"라고 린위탕이 말하였다고 언급하면서, 그 근거로 중국 한족이 만든 吊자와 弔자의 발생 연도의 설명으로 한민족이 사용한 글자가 더 오래되었다는 것을 지적하고 있다. 국민정부를 지지했다는 이유로 현 중국정부에서는 노신(魯迅)을 더 중시하고 린위탕은 제대로 된 평가를 받지 못하고 있는 실정이다.

사례

친구(親舊, 朋友, friend)

- 학생들에게 친구란 무엇인지 물어본다. 어떤 친구가 좋은 친구인가?
- 우정이란 어떤 것인가?
- 우정은 남자들만의 것인가?
- 여성들의 우정은?
- 학생들의 생각을 생각노트 또는 포스트잇에 써보도록 한다. (50자 내외)
- 참고가 될 만한 내용은 발표할 수 있게 한다.

유안진의 「지란지교를 꿈꾸며」(유튜브 참고)

좋은 친구란?

좋은 친구는 자신의 생각을 비칠 수 있는 거울이다. 좋은 친구는 자신이 실수했을 때, 스스로가 앞으로 나아갈 길을 뚜렷이 가리켜 준다. 좋은 친구는 당신이 어려울 때 조그마한 힘이나마 당신을 도와줄 것이다. 좋은 친구는 당신이 희로애락을 겪을 때 당신과 나누는 것을 언제나 잊지 않는다. 좋은 친구란 바로 당신의 인생 여행길의 영원한 동반자이다. 언제나 친구는 내 인생의 중요한 일부분이었다. 물건은 잃어버릴 수 있어도, 친구가 없어서는 안 된다. 좋은 친구를 두루두루 널리 사귀는 것 또한 여러분의 소망이라 믿는다.

출처: 리우윈(劉云)·해커스 HSK 공저(2015). 『해커스 중국어 HSK 5급 해설집』. p. 131

관포지교(管鮑之交)는 영원히 변치 않는 참된 우정의 대표적인 고사성어로 알고 있는데, 그 유래는 다음과 같다. 춘추시대 제(齊)나라에 관중(管仲)과 포숙아(鮑叔牙)라는 사람이 있었는데, 그들은 동업으로 장사를 하면서도 서로 뜻이 맞고 상대방에게 너그러운 둘도 없는 친구 사이였다. 그러다가 똑같이 관리가 되면서 각자 다른 길을 가기 시작했다.

관중은 제나라 군주인 양공(襄公)의 공자(公子) 규(糾)의 보좌관이 되었고, 포숙아는 규의 이복 동생 소백(小白)을 섬기게 된 것이다.

그 무렵 양공의 사촌 아우 공손무지(公孫無知)가 양공을 시해하고 임금 자리를 빼앗는 사건이 발생했다. 그 바람에 목숨이 위태롭게 된 규는 관중의 도움을 받아 함께 이웃 노(魯)나라로 달아났고, 소백은 포숙아와 함께 거(莒)나라로 달아났다. 그러나 이듬해 공손무지가 살해됨으로써 상황은 급변했다.

규와 소백 어느 쪽이 임금 자리를 차지하느냐 하는 문제가 대두되어, 관중과 포숙아는 본의 아니게 정적이 되고 말았다. 규의 아우 소백(小白)은 제(齊)나라의 새 군주(君主)가 되어 환공(桓公)이라 일컫고, 형 규(糾)를 죽이고 그 측근이었던 관중(管仲)도 죽이려 했다. 환공은 노나라에 규를 죽이고 관중은 압송하라고 요구했다. 그리하여 환공이 오랏줄에 묶여 칼을 쓴 모습으로 끌려온 관중을 죽이려고 하자, 포숙아가 엎드려 간곡히 말했다. "전하, 한 나라의 주인으로 만족하신다면 신의 보필만으로 충분합니다. 그러나 천하의 주인이 되고자 하신다면 부디 관중을 발탁해 쓰셔야 합니다."[2)]

환공(桓公)은 포숙아(鮑叔牙)의 진언(盡言)을 받아들여 관중(管仲)을 대부(大夫)로 중용하고 정사(政事)를 맡겼다. 재상(宰相)이 된 관중(管仲)은 기대에 어긋나지 않게 마음껏 수완을 발휘해 환공(桓公)으로 하여금 춘추(春秋)의 패자(覇者)로 군림하게 했다. 성공(成功)한 후 관중(管仲)은 포숙아(鮑叔牙)에 대한 고마운 마음을 다음과 같이 회고(回顧)하고 있다. "내가 젊고 가난했을 때 포숙아(鮑叔牙)와 함께 장사를 하면서 언제나 그보다 더 많은 이득(利得)을 취했다. 그러나 포숙아(鮑叔牙)는 나에게 욕심쟁이라고 말하지 않았다. 그는 내가 가난한 것을 알고 있었기 때문이다. 나는 또 몇 번씩 벼슬에 나갔으나 그때마다 쫓겨났다. 그래도 그는 나를 무능(無能)하다고 흉보지 않았다. 내게 아직 운이 안 왔다고 생각한 것이다. 싸움터에서 도망(逃亡)쳐 온 적도 있으나 그는 나를 겁쟁이라고 하지 않았다. 나에게 늙은 어머니가 계시기 때문이라고 생각한 것이다. 공자 규가 후계자 싸움에서 패하여 동료 소홀(召忽)은 싸움에서 죽고 나는 묶이는 치욕(恥辱)을 당했지만 그는 나를 염치(廉恥)없다고 비웃지 않았다. 내가 작은 일에 부끄러워하기보다 공명을 천하(天下)에 알리지 못함을 부끄러워 한다는 것을 알고 있었기 때문이다. 나를 낳아준 이는 부모(父母)이지만 나를 진정으로 알아준 사람은 포숙아(鮑叔牙)다."[3)]

2) [네이버 지식백과] 관포지교 [管鮑之交] (고사성어 따라잡기, 2002. 5. 15, (주)신원문화사)
3) 디지털 한자사전 e-한자의 관포지교 유래 참조

사례

친구의 종류

친구는 우리의 삶에서 가장 소중한 재산으로 없어서는 안 된다. 미국 「프리벤션(Prevention)」이란 잡지의 글에 따르면 모든 여성은 일생 동안 여섯 종류의 친구가 필요하다고 한다. 당신과 함께 다닐 수 있을 뿐 아니라 당신의 건강을 증진시킬 수도 있는 이 여섯 종류의 친구는 평생 친구, 새 친구, 운동하는 친구, 마음의 친구, 당신보다 젊은 친구, 당신의 공감을 일으키는 친구이다.

"적극적인 사람은 많은 친구를 사귀어야만 한다." 소주(蘇州)의 영격(榮格)심리상담센터 수석감독원인 왕궈룽(王國榮)은 「생명시보」 기자에게 다음과 같이 말했다. 현대의 심리학 연구에 따르면 모든 사람은 세 가지 마음, 즉 지혜의 마음, 용감한 마음, 소통의 마음을 가진다고 한다. 소통의 마음이란 다양한 친구를 잘 사귈 수 있는 마음을 뜻한다. 왕국영은 "미국 전문가들이 도출한 여섯 종류의 친구는 사실 '세 종류'로 압축할 수 있다."라고 말한다.

첫 번째는 '오랜' 친구, 즉 영원한 친구이다. 미국 심리학의 아버지 매슬로(Maslow)는 자아의식이 강한 사람에게는 적지만 진정한 친구가 있다고 말한 바 있다. 이는 자주 얘기하는 '살아가면서 나를 알아주는 친구 한 명만 있으면 충분하다'라는 말과 같다. 자기를 알아주는 진정한 친구는 결코 많지 않다. 이런 친구 한두 명과 평생을 함께할 수 있다면 매우 훌륭한 것이다.

두 번째는 '새로운 친구', 즉 단계적인 친구이다. 졸업, 진학, 취업, 이사 등등 삶의 내용이 끊임없이 변화함에 따라 우리는 다양한 친구를 만나게 된다. 이들은 단계적인 친구에 속하며, 함께 공부하거나 함께 일하지 않으면 우정도 끝날 수 있다. 이런 유형의 친구는 일상생활에서 가장 많이 존재한다.

세 번째는 이성 친구이다. 심리학 연구에 따르면 남녀의 사고방식은 다르다고 한다. 남성은 일차원적 사고에 익숙하기 때문에 깊이는 있지만 완전성이 떨어지는 반면, 여성은 원형 사고에 익숙하기 때문에 완전성은 있지만 깊이는 떨어진다. 따라서 남성이든 여성이든 상호 간 사고방식의 부족한 점을 보완할 수 있는 이성 친구가 있다면 더없이 훌륭하다.

출처: 북경어언대학 편(2016). 『신 HSK모의고사 - 6급』. 다락원. p. 103 인용

MEMO

- 힘들어하는 친구가 있다면 우리는 어떻게 그 친구를 위로해 주어야 할까?

- 자살을 생각하는 친구가 있다면 우리는 어떻게 그 친구를 위로해 주어야 할까?

사례

이 세상의 중심은 "나"

나에게는 친구 한 명이 있는데, 동료와 서로 미워하여 거의 물과 불처럼 서로 화합할 수 없는 지경에 이르렀고, 가정생활과 일까지 모두 큰 영향을 받아, 결국 그는 사직하는 것을 선택했다.

나는 그에게 물었다. "만약에 그 사람이 아니라면 너는 남아있을 거니?" 그가 대답했다. "당연하지. 이 일이 나는 정말 좋아. 하지만 난 그 녀석이 몹시 미워. 그가 하루만 있어도 난 등 뒤에 가시가 있는 것 같이 느껴져. 떠날 수밖에 없어.", "너는 왜 그가 네 삶의 중심이 되게 하려는 거야?" 나에게 이러한 질문을 받자 그는 갑자기 할 말을 잃었다.

한 선생님이 12명을 한 조로 하여 학생들을 조별로 나누었다. 한 학생이 선생님에게 조를 바꿔달라고 부탁했다. 선생님이 물었다. "어째서니?" 그 학생이 대답했다. "왜냐하면 저는 그중 한 명이 정말 싫거든요." 선생님은 그로 하여금 조를 바꾸게 해주었지만, 그에게 물었다. "다른 조원들도 너는 모두 싫으니?" 학생이 대답했다. "그럴 리가요. 모두 매우 좋아해요." 선생님이 말했다. "그럼 이 사람이 네 삶에서 중요하니, 중요하지 않니?" 그 학생이 대답했다. "안 중요해요! 싫어죽겠는걸요!" 선생님이 말했다. "그렇지만 10명의 좋은 친구들도 너를 붙잡지 못했는데, 너는 오히려 그 한 명 때문에 떠나는 거구나. 말해 보렴, 그 사람이 중요하니, 중요하지 않니?"

적대적인 관계가 때로는 사랑하는 관계보다 더 깊어서, 한 사람을 미워하는 것이 한 사람을 사랑하는 것보다 더 많은 감정을 들여야 한다. 당신이 만약 계속 누군가와의 투쟁에 놓여 있다면, 서서히 자신을 잃게 될 것이다. 당신이 모든 초점을 그 사람 신상에 집중할 때, 그는 곧 당신의 모든 세상을 차지하여, 당신 인생의 중심이 된다. 이러한 결말을 당신은 원하는가?

출처: 리우원(劉云)·해커스 HSK 공저(2015). 『해커스 중국어 HSK 5급 해설집』. p. 159

MEMO

- 나의 자존감을 높이기 위해 좋은 방법을 소개해 봅시다.

- 내가 자랑스러울 때는 언제인가요?

- 우리를 낳으신 부모님은 나를 어떻게 생각하고 있나요?
- 우리 부모님이 말씀하시는 나의 장점은?

사례…

사이가 좋지 않은 관계를 화해시키는 법

우리 과에는 김로사와 주채희라는 아이가 있었다. 왜 그렇게 되었는지 모르겠지만, 이 둘은 좋지 않은 감정을 가지고 있어서인지, 항상 서로에 대해 좋지 않게 대하였다. 이 둘의 관계는 과 친구들 모두가 알고 있었다. 그런데 하루는 로사가 나를 찾아와 채희에 대해 이야기를 하였다. 자신은 그렇지 않은데, 자꾸 채희가 자기에 대해 나쁜 이야기를 퍼뜨리고 있는 것 같고, 또 자기에게 이야기를 할 때도, 거칠게 답변을 하는 등 일상생활에서 모순이 자꾸 발생한다고 이야기하였다. 나는 시간을 내어서 상담을 신청해 준 것에 대해 칭찬을 해 주고, 내가 한번 채희를 만나 이야기해 보겠다고 하였다.

며칠이 지난 후, 로사가 다시 나를 찾아왔다. 교수님이 채희에게 뭐라고 했는지 물어왔다. 무슨 얘기인지 들어보니, 나와 상담한 후부터 채희가 자신에게 대하는 태도가 달라졌다는 것이다. 이전에는 말투도 거칠고, 째려보는 눈으로 쳐다보았는데, 지금은 눈빛도 부드럽고, 미소까지 지으면서 온화한 말투로 얘기한다고 하였다. 내가 그 비법이 무엇인지 알고 싶으냐고 물었다. 그렇다고 하여 말해주었다. 그 비법은 "로사가 나한테 와서 너의 여러 부분을 칭찬해 주더라."고 얘기한 것이라고 말해 주었다.

우리가 얼핏 생각하면 상대방을 칭찬한다는 것은 상대방이 나보다 더 잘 나고, 나는 그렇지 않은 것 같이 보이지만, 그 칭찬은 결국은 자기 자신한테 돌아온다는 것을 사례를 통해 알 수 있었다. 그러므로 우리는 상대방을 열심히 칭찬해야 하는 이유를 명확히 알고 있어야 할 것이다.

MEMO

- 사이가 좋지 않은 친구와 어떻게 화해를 할 수 있는가?

- 나의 어떤 점이 부모나 친구나 이웃을 불편하게 하고 있는가?

사례

긍정(肯定, affirmation)이란?

- 긍정은 무엇인가?
- 긍정의 가치란 무엇인가?
- 학생들의 생각을 생각노트 또는 포스트잇에 써보도록 한다. (50자 내외)
- 참고가 될 만한 내용은 발표할 수 있게 한다.
- 긍정의 방법: 다른 사람의 것보다 자신의 것을 소중히 하기, 자아 존중 유지, 긍정적 단어 사용, 즐거운 상상 필수

"좋은 일을 생각하면, 좋은 일이 따르고, 나쁜 일을 생각하면 나쁜 일이 따른다."

– 조셉 머피(머피의 법칙)

"당신이 이룬 것만큼, 이루지 못한 것도 자랑스럽게 생각하세요."

– 스티븐 잡스

긍정의 가치

어느 날, 사자가 신 앞에 왔다. "당신께서 제게 이토록 위풍당당한 체격과 이토록 비할 데 없이 강대한 힘을 주셔서 제가 온 숲을 다스리기에 충분한 능력을 가지게 해주신 것에 매우 감사드립니다." 신은 미소를 지으며 물었다. "하지만 이것이 오늘 네가 나를 찾아온 목적은 아닐 거야? 보아하니 너는 마치 어떤 일 때문에 괴로운 듯하구나!" 사자는 가볍게 외마디 포효를 하고는 말했다. "당신께선 정말 저를 잘 아십니다. 제가 오늘 온 것은 확실히 부탁드릴 것이 있어서입니다. 비록 저의 힘은 무한하지만, 매일 날이 밝을 때 저는 항상 닭 우는 소리에 시끄러워 잠을 깨기 때문입니다. 신이시여! 부탁드립니다. 날이 밝을 때 닭이 울지 않게 해 주십시오!" 신이 웃으며 말했다. "코끼리를 찾아가 보거라. 그가 너

에게 만족스러운 답변을 줄 것이다."

사자는 호숫가로 달려가 코끼리를 찾았고, 코끼리가 씩씩거리며 발을 구르고 있는 것을 보았다. 사자가 코끼리에게 물었다. "너는 어째서 이렇게 많이 화가 났니?" 코끼리가 필사적으로 큰 귀를 흔들거리며 포효했다. "어떤 얄미운 모기 녀석이 내 귀 안으로 파고 들어와서, 가려워 죽을 지경이야!" 사자는 코끼리와 헤어지고 마음속으로 생각했다. "알고 보니 체격이 그렇게 거대한 코끼리도 그렇게 조그마한 모기에 약하구나. 그렇다면 내가 원망할 게 뭐 있겠어? 어디까지나 닭 울음소리는 하루 한 번에 불과한데 모기는 시도 때도 없이 코끼리를 괴롭히고 있지 않은가. 이렇게 생각하니 나는 그보다 운이 좋은 걸." 사자는 걸어가면서 고개를 돌려 여전히 발을 구르고 있는 코끼리를 보고 생각했다. "신이 나에게 코끼리의 상황을 보게 한 것은 분명 내게 알려주려 한 거야. 누구나 성가신 일을 만날 수 있지만 신은 결코 모두를 도울 수 없다는 걸. 이렇게 된 이상 나는 스스로를 의지할 수밖에 없어! 아무튼 앞으로 닭이 울면, 일어나야 한다고 나에게 일깨워주는 것으로 여기자. 이렇게 생각하면 나에게 좋은 점이라고도 할 수 있겠네."

생활 속에서, 우리가 아무리 순조롭게 갈지라도 생각대로 되지 않는 일들을 만나기만 하면 하늘이 우리를 박대한다고 습관적으로 원망하고, 나아가 우리에게 더 많은 힘을 내려주어 난관을 극복할 수 있도록 도와달라고 하늘에 기도한다. 하지만 사실 하늘은 제일 공평하다. 그가 사자와 코끼리를 대한 것과 같이, 모든 어려움은 그것이 존재하는 긍정적인 가치가 있는 것이다.

출처: 리우윈(劉云) · 해커스 HSK 공저(2015). 『해커스 중국어 HSK 5급 해설집』. p. 115

MEMO

- 요사이 나를 짜증나게 하는 것은 무엇인가?

- 어떻게 긍정적으로 생각을 해야 하는가?

사례

긍정적인 삶

항상 낙천적인 삶을 사는 사람이 있었다. 그는 생활이 어려웠지만, 어렵게 모은 돈으로 색소폰을 사서 어렵고 힘든 삶을 색소폰을 불면서 즐겁게 생활하고 있었다. 생활에 만족하고 있던 그 사람은 많은 돈이 드는 차를 한 대 사고 싶어 하였다. 그러나 돈이 많지 않은 그는 차를 살 수 없었다. 그는 희망사항으로 좋은 차가 있었으면 좋겠다는 말을 주위사람들에게 자주하곤 하였다. 그러자 주위의 사람들은 그에게 복권을 한 장 사는 것이 어떻겠냐고 하였다. 5,000원을 들여 복권을 샀는데, 뜻밖에 1등이 당첨되어 고급차를 사서 타고 다니게 되었다. 주변의 많은 사람들이 그를 부러워하였다. 그렇게 지내던 그가 하루는 멋진 고급차를 타고 시내로 나가, 잠깐 주차를 해 놓고, 업무를 보고 나왔는데, 주차된 차를 도둑맞게 되었다. 그러한 얘기를 들은 주변의 사람들은 모두 그를 동정하였다. 고급차를 잃어버려 그가 너무 상심했을 것이라고 생각하고 있었던 것이다. 그를 만난 주변 사람들은 모두 그를 위로하면서 차를 도둑맞은 일에 대해 안타까워하자, 그는 이렇게 말하였다. "당신은 5,000원을 잃어 버렸다고 그렇게 슬퍼합니까? 그 차는 5,000원을 들여 산 차입니다. 5,000원을 잃어버린다는 일은 그렇게 슬퍼할 일은 아니라고 생각합니다." 그가 얼마나 낙천적으로 세상을 사는지 이 말 한 마디로 알 수 있다. 우리도 이 사람과 같은 마음으로 세상을 산다면 얼마나 재미있을까 생각하게 된다.

사례

긍정적인 생각의 효과 -위기 속에 있는 성공인자를 찾아라!

별명이 '울보 할머니'인 한 노인이 있었는데, "맑은 날이든 비오는 날이든 그녀는 울음을 멈추지 않았다. 알고 보니, 할머니는 두 딸 때문에 우는 것이었다. 큰 딸은 우산을 팔았고, 작은 딸은 헝겊 신발을 팔았다. 비가 오는 날이면 할머니는 작은 딸에게 찾아올 손님이 분명히 없을 것이 떠올랐고, 맑은 날에는 또 큰 달의 우산이 팔려 나가지 않을 것을 걱정했다. 그래서 일 년 사계절 맑으나 비가 오나 할머니는 눈물이 그렁그렁하여 몹시 불상했다.

한 이웃이 그녀에게 말했다. "당신은 맑은 날엔 작은 딸을 생각하고 비오는 날엔 큰 딸을 생각해야 해요. 두 딸 모두 괜찮은 수입이 있잖아요."

그때부터 울보 할머니는 다시는 울지 않았고, 날씨가 어떻든 그녀는 항상 웃었다.

어떤 일이든 모두 양면을 가지고 있다. 기쁜 마음을 안고 보면 기쁜 것이고, 걱정스런 마음을 안고 보면 바로 걱정거리인 것이다. 아무리 어려운 때라도 모두 순식간에 깨끗이 사라져 과거가 될 것이므로, 굳이 시간과 에너지를 낭비해서 걱정할 필요가 없다.

출처: 리우윈(劉云) · 해커스 HSK 공저(2015). 『해커스 중국어 HSK 5급 해설집』. p. 131

❖ 프레이밍 효과(framing effect)

같은 문제라 하더라도 제시방법에 따라 사람 결과에 대한 생각이 달라지게 하는 현상이다. 즉, 특정 사안을 어떤 시각으로 바라보느냐에 따라 해석이 달라질 수 있다는 이론이다.

다음의 두 사례를 보고 학생들의 생각을 생각노트나 포스트잇에 적어보고 발표해 보자.

사례…

- 1991년 일본 아오모리(青森)현에 태풍이 불어 90%의 사과가 땅에 떨어졌다. 수확을 앞둔 시기였는데, 주인은 어떻게 했을까?

사례…

- 성경책을 읽을 때 담배를 피우면서 읽는 것이 옳은 것인가 아닌가?

사랑

- 학생들에게 사랑을 무엇이라고 말할 수 있는지에 대해 물어본다.
- 학생들은 자신은 사랑을 어떻게 정의하고 있는가?
- 소크라테스가 세상에서 가장 어려운 것이 무엇이냐고 물었을 때, "정의내리는 것"이라고 했다는데, 우리가 사랑에 대한 정의를 내려보도록 하자.
- 사랑을 한 단어나 한 문장으로 표현하게 해 본다.

예) 킴 카잘리의 Love is…….

- 사랑에 대해 내린 정의를 모두와 공유한다.
- 학생들의 생각을 생각노트 또는 포스트잇에 써보도록 한다. (50자 내외)
- 참고가 될 만한 내용은 발표할 수 있게 한다.

사례...

사랑이라는 영양분

한 남자아이가 자신은 세상에서 가장 불행한 아이라고 생각했다. 왜냐하면 그는 어렸을 때 중병을 앓은 적이 있어서 다리에 장애가 남았을 뿐만 아니라, 얼굴도 매우 못났기 때문이었다. 학교에서 그는 친구들과 장난을 치거나 함께 노는 일이 매우 적었으며, 선생님이 그에게 질문에 대답하도록 시킬 때에도 그는 항상 고개를 숙이고 한 마디도 하지 않았다.

하루는 남자아이의 아버지가 이웃집에서 묘목을 얻어왔다. 그는 그의 아이들에게 각자 한 그루씩 심게 했다. 그리고 아이들에게 말하길, 묘목을 제일 잘 키우는 사람에게 그 사람이 가장 좋아하는 선물을 사주겠다고 말했다. 남자아이도 아버지의 선물을 받고 싶었지만, 형과 여동생이 깡충 깡충 뛰어다니며 물을 퍼 올려 나무에 주는 모습을 보고, 스스로 매우 외롭다고 느꼈다. 그는 심지어 자신이 심은 그 나무가 일찍 죽길 바랐다. 그래서 물을 한두 번만 주었고, 다시는 그것을 돌보러 가지 않았다.

며칠 후, 남자아이가 그가 심은 나무를 다시 보았을 때, 놀랍게도 그것은 죽지 않았을 뿐만 아니라 새 잎사귀 몇 장이 더 자랐으며, 형과 여동생이 심은 나무와 비교하여 더 파르스름하고, 더 생기 있어 보인다는 것을 발견했다. 아버지는 자신의 약속을 실행하여 남자아이에게 그가 가장 좋아하는 선물을 사주었다. 그리고 그에게 말하길, 그가 심은 나무를 보니 커서 반드시 훌륭한 식물학자가 될 것이라고 했다. 그 이후로 남자아이는 차츰 긍정적으로 발전해 가기 시작했다.

어느 날 밤, 남자아이는 자신이 심은 그 어린 나무를 보러 가고 싶었다. 그가 정원에 도착했을 때, 그는 뜻밖에도 아버지가 국자로 자신이 심은 그 어린 나무 아래에 무언가를 뿌리고 있는 것을 보았다. 문득 그는 모든 것을 깨달았다. 알고 보니, "아버지는 줄곧 몰래 자신이 심은 그 어린 나무에 비료를 주고 계셨던 것이다.

사랑은 삶에서 가장 좋은 양분이다. 설령 겨우 한 국자의 맑은 물이라 해도, 삶의 나무를 빠르게 성장시킬 수 있다.

출처: 리우윈(劉云)·해커스 HSK 공저(2015). 『해커스 중국어 HSK 5급 해설집』. p. 133

상대성 이론의 알버트 아인슈타인(Albert Einstein, 1879~1955)은 학교에 들어가기 전에 저능아 소리를 들었고, 학교에 들어가서는 선생님이 부모에게 쪽지를 보내왔다. 쪽지에는 "이 학생은 앞으로 어떤 일을 해도 성공할 수 없을 것으로 판단됨"이라는 내용이었다. 이 쪽지를 보고 아인슈타인의 어머니인 파울리네 아인슈타인(Pauline Einstein)은 "얘야, 너는 남과 아주 다른 특별한 능력을 가지고 있단다. 남과 같아서야 어떻게 성공하겠니?"라며 남과 다른 교육을 시켰다.

✤ 창의적인 인재를 만드는 방법(유대인의 창의교육)

- 남과 다른 점을 찾아 계발해 주는 과정(적성에 맞는 진로교육)
- 후츠파 문화(대화를 할 때는 적극적인 대화를 한다는 문화)
  후츠파(chutzpah)란 뻔뻔한, 용맹스러운이라는 뜻을 지니고 있다.
- 대화와 토론을 잘하기 위해서는 질문을 잘하는 방법이 중요하다.

유대인 부모는 자식이 학교 갔다 오면, "오늘 무엇을 질문했니?"라고 물어봄으로써 아이가 학교에서 무엇을 어느 정도 배워왔는지 대답을 통해 확인할 수 있었다. 부족한 것은 부모가 채워준다.

- 유대인 도서관의 특이점은 시끌벅적하다는 것이다. 서로 모르는 사람끼리도 '토라'나 탈무드의 내용을 가지고 토론하기 때문이다. 미국에서 재판에서 승소하고 싶다면 유대인 변호사를 섭외하라는 말이 나올 정도이다.

MEMO

• 유대인 교육의 장점은?

• 유대인의 문제점은?

사례

세상에서 가장 고귀한 것은 돈으로 환산되지 않는 것이다

세상에서 가장 소중한 것이 무엇인지 물어보면, 그 답은 여러 가지가 있을 수 있다. “공기”라고 하는 사람, “우정”, “믿음”, “사랑”, “성공”, “경험” 등등. 이러한 모든 것은 그것을 얻기 위해서 돈을 지불하는 것은 아니라는 것이다. 한 사람이 세상에서 가장 고귀한 것이 무엇인지를 알기 위해 세상천지를 찾아다니며 사람들에게 물었다. 세상에서 가장 고귀한 것이 무엇인지를? 여러 해 동안 세상을 여행하며 다니던 사람은 결국 가장 고귀한 것이 무엇인지 찾지 못하고 집으로 돌아가기로 결정하고 집으로 발길을 돌렸다. 집이 있는 도시에 도착했을 때는 해가 뉘엿뉘엿 지고 있었던 때로, 멀리서 집의 창문이 어렴풋하게 보였다. 점점 가까이 다가가 보니 김이 모락모락 나는 음식들이 식탁에 놓여 있었고, 식탁 주위에는 가족이 모두 둘러앉아 있었다. 그런데, 식탁의 한 자리가 비어 있었다. 그 자리는 여행을 떠난 자신의 자리였다. 그 모습을 본 그 사람은 그때서야 세상에서 가장 고귀한 것은 바로 이것이라고 깨달았다. 바로 가정이다.

MEMO

- 우리 가정이 소중하다고 느꼈을 때가 언제인지 발표해 보자.

3 chapter

문서작성능력

1. 문서의 정의 및 문서의 종류

문서(文書)란 의사소통을 위해 고안된 정보를 물리적으로 묶어 놓은 것을 말한다. 서류(書類) 또는 문건(文件)이라고도 한다. 오늘날에는 종이로 된 것을 주로 문서라고 부르지만, 역사적으로는 돌(비석 또는 암벽), 나무(비석 또는 목간), 풀(죽간, 파피루스), 금속, 베(피륙), 점토 등 여러 곳에 기록하였다.

일상적으로는 문서는 '사람의 생각을 상징적인 기호로 정보를 제공하여 글로 쓴 것'으로 정의할 수도 있지만 현대에 이르러 컴퓨터의 발달에 따라 특정 형식의 디지털 파일을 가리키기도 한다. 이러한 것은 디지털문서라고 한다.

문서의 종류로는 공문서, 기획서, 기안서, 보고서, 설명서, 보도자료, 자기소개서, 비즈니스 레터, 비즈니스 메모가 있다.

1) 공문서(公文書)

공문서(公文書)란 공공기관이나 단체에서 공식으로 작성한 서류를 지칭하는 것으로 비슷한 용어로는 공서, 공첩, 공문 등의 유의어가 있다. 공문서는 공공기관이나 단체에서 대내적, 혹은 대외적 공무를 집행하기 위해 작성하는 문서를 의미하며, 엄격한 규격과 양식에 따라 정당한 권리를 가진 사람이 작성해야 하며, 최종 결재권자의 결재가 있어야 문서로서의 기능이 성립된다.

(1) 공문서 작성법

공문서는 공공기관이나 단체에서 외부로 전달되는 문서이므로, 누가, 언제, 어디서, 무엇을, 어떻게, 왜라는 6하 원칙에 문서의 작성 이유가 명백히 드러나도록 작성해야 한다.

(2) 공문서 작성 시 주의사항

- 연도와 월일은 반드시 함께 기입한다.
- 날짜 다음에 괄호를 사용할 경우에는 .(마침표)를 찍지 않는다.
- 한 장에 담아내는 것이 원칙이다.
- 마지막엔 반드시 "끝"자로 마무리한다.
- 복잡한 내용은 항목별로 구분한다. (-다음- 또는 -아래-)
- 보관기간을 정확히 명시한다.

2) 기획서(企劃書)

적극적으로 아이디어를 내고 기획해 하나의 프로젝트를 문서 형태로 만들어, 상대방에게 기획의 내용을 전달하여 기획을 시행하도록 설득하는 문서이다.

(1) 기획서 작성 전 유의사항

기획서의 목적을 달성할 수 있는 핵심사상이 정확하게 기입되었는지 확인하기 위해서 기획서는 상대에게 어필해 상대가 채택하게끔 설득력을 갖추어야 하므로, 상대가 요구하는 것이 무엇인지 고려하여 작성한다.

(2) 기획서 내용작성 시 유의사항

- 기획서 내용이 한눈에 파악되도록 체계적으로 목차를 구성하도록 한다.
- 핵심 내용의 표현에 신경을 써야 한다.
- 효과적인 내용전달을 위해 내용과 적합한 표나 그래프를 활용하여 시각화하도록 한다.
- 기획서를 작성할 때는 에드워드 데밍 박사의 "PDCA Cycle"을 참조한다.
  계획(Plan) – 실행(Do) – 검토(Check) – 개선(Action)

(3) 기획서 제출 시 유의사항

- 충분한 검토를 한 후 제출한다.
- 인용한 자료의 출처가 정확한지 확인한다.

기획서를 작성할 때, 아이디어에 대한 개발을 어떻게 하느냐가 아주 중요하다. 아이디어를 창출하는 방법을 다음과 같이 몇 가지 소개해 본다.

✤ 브레인스토밍[1]을 창안했던 알렉스 오스본(Alex F. Osborne)이 1950년에 제안한 체크리스트(checklist) 기법

오스본의 체크리스트 기법(10가지)

① 다른 용도로 사용하기(현재의 것을 그대로, 아니면 조금 바꾸어서)

② 다른 것에서 아이디어 빌리기(닮은 것은 없는가, 모방할 수 없는가, 샘플은 없는가)

③ 다른 것과 결합하기(형태, 색깔, 소리, 냄새, 운동, 의미를 바꾸어 결합해 보기. 한번 틀어서 생각하여 달리 바꿀 것은 없는가)

④ 크기에 변화주기(늘리거나, 줄이거나, 또 다른 무언가를 추가하거나, 시간을 더 들인다거나, 강하게 하거나, 높게 하거나, 두껍게 하거나, 길게 하거나, 넓게 한다면, 어떤 변화가 있는가)

⑤ 작게 하기(압축하거나, 작게 하거나, 무언가 빼거나, 낮게 하거나, 짧게 하거나, 가볍게 하거나, 나누어 보거나, 생략하거나 하면 어떤 변화가 있는가)

⑥ 대용하기(다른 재료로, 다른 동력으로, 누군가 대신할 사람으로, 무언가 대신할 물건으로, 다른 성분으로, 다른 방법으로 대용하기)

⑦ 바꾸기(순서 바꾸기, 전후 바꾸기, 좌우 바꾸기, 목표 바꾸기, 남녀 바꾸기, 성인과 아이를 바꾸기)

⑧ 반대로 하기(반대의 태도 취하기, 역할을 반대로 하기, 입장을 반대로 하기, 플러스와 마이너스를 맞바꾸기, 위와 아래를 바꾸기, 역지사지)

⑨ 조합하기(유니트를 조합하기, 아이디어를 조합하기, 목적을 조합하기, 합금으로 하기, 혼합하기, 각종 내용을 취합하기)

⑩ 분리하기(분리하기, 별개로 하기, 나누어 붙이기, 떼어내기, 반분하기)

---

1) 창의적인 아이디어를 얻기 위한 방법으로 활용하는 것으로 뇌를 의미하는 브레인(brain)이라는 단어와 폭풍을 가리키는 스톰(storm)을 조합하여 만든 단어인데, 마치 머릿속에서 폭풍이 휘몰아치는 듯이 다양하고 신선한 아이디어가 샘솟는 것을 표현하는 것으로 만든 단어이다.

✤ 1971년에 밥 에벌(Bob Eberle)이 알렉스 오스본의 체크리스트 기법을 보완 발전시켜 제시한 스캠퍼(SCAMPER) 발상법

이 기법은 새로운 용도의 개발 품질 개선과 실용성을 높이는 아이디어 발상에 큰 도움이 된다. 이 스캠퍼 발상법은 광고뿐만 아니라 모든 분야에서 활용할 수 있는 보편적인 아이디어 발상법으로, 이미 존재하던 것을 변형시킨 것이라는 전제를 가지고 있는 것이 특징이다.

스캠퍼(SCAMPER)란 각 단어의 알파벳 첫 문자 7개를 따서 만든 말이지만, 영어사전에서 스캠퍼라는 뜻은 '도망치다, 달려가다, 뛰어놀다'라는 뜻의 동사와 '도주, 뛰어다니기'라는 명사로 설명하고 있다. 걷는 것만이 아닌 평소와 다른 행동을 보임으로써 새로운 시각과 아이디어를 찾을 수 있다는 바로 이 점이 스캠퍼에 숨어있는 뜻이라고 할 수 있다.

스캠퍼(SCAMPER) 발상법(7가지)

① 대체하기(Substitute) : 용도, 시간, 순서, 재료, 성분, 역할, 장소 등을 다른 것으로 대체

② 결합하기(Combine) : 새로운 것끼리의 짝짓기. 복사+팩스+스캐너 = 복합기 +폰+스마트 기능+tv = 스마트폰

- 강제결합법 : 서로 상관없는 아이디어나 물건을 결합시켜 새로운 아이디어를 내거나 물건을 재생산해내는 활동 또는 주어진 상황과 전혀 상관없는 물건이나 아이디어를 제시해 전혀 다른 해결책을 유도하는 방식. 예를 든다면, 욕실에 있는 이쑤시개와 분무기를 결합하면 어떤 물건이 나올지 생각해보는 식(waterpik)
- 소프트뱅크사(손정의)의 아이디어창출방법으로 활용

③ 조절하기(Adjust) : 옷에 붙인 벨크로(찍찍이)는 우엉 씨가 옷에 붙는 원리를 이용해 만든 것임

④ **변경 · 확대 · 축소하기(Modify, Magnify, Minify)** : 스마트폰, 노트북, 보청기 등

⑤ **용도 바꾸기(Put to Other Uses)** : 슬리퍼 바닥에 천 붙이기

⑥ **제거하기(Eliminate)** : 컨버터블(convertible; 지붕을 접었다 폈다 할 수 있는 자동차) 자동차

⑦ **역발상 · 재정리하기(Reverse, Rearrange)** : LG 빨래방망이 세탁기, 한경희의 스팀다리미

3) 기안서(起案書, drafting paper)

기안서란 회사의 업무에 대한 협조를 구하거나, 의견을 전달할 때 작성하고, 어떤 사항의 문제해결을 위해 해결방안을 작성하여 결재권자에게 의사결정을 요청하는 문서이다. 흔히 사내 공문서라고도 불린다.

기안이라 함은 의사를 결정하기 위한 문서를 작성하여 결재를 올리는 것을 의미한다.

(1) 기안서의 종류

대내문서, 대외문서, 전자문서 등이 있다.

(2) 기안서의 구성항목

① **발신기관:** 해당문서를 발신하는 기관의 명칭을 기재하고, 주소, 전화번호, 팩스번호, 담당자를 함께 기재한다.

② **문서번호:** 문서번호는 문서가 작성된 후, 등록, 발송 때에 부여하는 것으로 부서별 문서등록대장의 순서에 따라 연도별 일련번호를 붙이거나 문서발송번호로 기입하여 사용할 수 있다.

③ **시행일자:** 문서의 효력이 발행하는 날짜를 말하는 것으로 일반적으로 최종 결재권자의 결재가 있어야 효력이 있으므로 최종 결재일을 기재한다.

④ **보존기간:** 공문서의 분류 및 보존에 따른 규칙에 따라 영구보존, 30년, 20년, 10년, 5년, 3년, 1년 등으로 규정하고 있다. 내부규정에 의해 기재하거나 생략할 수 있다.

⑤ **문서처리인:** 취급에 관한 사항과 기관장, 보존기간, 보조기관, 기안자, 협조로 구성된다.

⑥ **기안제목:** 전체의 내용을 한 눈에 파악할 수 있도록 핵심적인 내용을 간단, 명료하게 기재한다.

⑦ **본문내용:** 상대에게 작성하고자 하는 내용을 육하원칙에 따라 간단, 명료하게 작성한다.

⑧ **추신과 첨부:** 추신은 통상 본문 중에 내용을 빠뜨리거나, 강조하고자 할 때 본문 하단에 본문과 구분하여 게재한다. 첨부가 있을 때에는 첨부자료의 명칭과 수량(부수)을 기재한다.

⑨ **발신명:** 문서의 발신은 발신기관의 기관장 명의로 발신하고 내부문서인 경우에는 부서장으로 할 수 있다.

⑩ **수신처:** 수신기관이 두 곳 이상일 경우에는 수신처란에 차례로 기재한다.

4) 보고서(報告書, Report)

보고서란 리포트(report)라고도 하며, 특정한 일에 관한 현황이나 그 진행상황 또는 연구・검토결과 등을 보고하고자 할 때 작성하거나, 특정한 정보 전달을 목적으로, 또는 프레젠테이션 형식으로 특정한 사건을 이야기할 목적으로 작성된 작업물(문서, 글, 연설, 텔레비전 프로그램, 영화 대본)을 말한다.

보고서는 그래픽, 그림, 음성, 전문 용어 등의 특징이 있으며 특정 청중이 조치를 할 수 있도록 설득하기 위해 존재한다. 보고서를 표현하는 가장 흔한 형식들 가운데 하나가 바로 IMRAD방식으로 "I는 Introduction으로 도입(導入), M은 Methods로 방법(方法), R은 Results로 결과(結果), A는 and로 그리고이며, D는

Discussion으로 논의, 토의(討議)하다"이다.

보고서를 쓰기 전에 생각해야 하는 기본 원칙은 5W3H이다. 보통 '6하 원칙'이라 할 때는 1H에 '어떻게(How)'만을 포함하지만, 직장생활에서는 정량적인 것을 중요시하므로 수량과 기간에 대해서도 정리하여 명시하는 것이 필요하다.

보고서를 작성하기 전에 목적을 분명하게 정리한 후, 5W3H 방식을 활용하여 작성한다면, 개념 있는 보고서가 작성될 것이다.

5W3H란?

- 언제(When)
- 어디서(Where)
- 무엇을(What)
- 누가?(Who)
- 왜?(Why)
- 어떻게(How): 구체적 방법 제시
- 얼마나(How much): 가능한 정확한 수치나 수량 제시
- 얼마 동안(How long): 가능한 정확한 기간 제시

(1) 보고서의 종류

① **영업보고서** : 재무제표와 달리 영업상황을 문장 형식으로 기재해 보고하는 문서

② **결산보고서** : 진행되었던 사안의 수입과 지출결과를 보고하는 문서

③ **일일업무보고서** : 매일의 업무를 보고하는 문서

④ **주간업무보고서** : 한 주간에 진행된 업무를 보고하는 문서

⑤ **출장보고서(출장복명서라고도 함)** : 회사 업무로 출장을 다녀와 외부 업무나 그 결과를 보고하는 문서

⑥ **회의보고서** : 회의 결과를 정리해 보고하는 문서

(2) 보고서 내용작성 시 유의사항

- 업무진행과정에서 쓰는 보고서인 경우, 진행과정에 대한 핵심내용을 구체적으로 제시하도록 작성한다.
- 핵심사항만을 산뜻하고 간결하게 작성한다(내용의 중복을 피하도록 한다).
- 복잡한 내용일 때에는 도표나 그림을 활용한다.

(3) 보고서 제출 시 유의사항

- 보고서는 개인의 능력을 평가하는 기본요인이므로, 제출하기 전에 반드시 최종 점검을 한다.
- 참고자료는 정확하게 제시한다.
- 내용에 대한 예상 질문을 사전에 추출해 보고, 그에 대한 답을 미리 준비한다.

5) 설명서(說明書, manual)

설명서는 주로 사용설명서(使用說明書), 매뉴얼(manual), 유저 가이드(user guide)라고 불리며, 특정 시스템을 사용하는 사람들에게 도움을 제공하기 위한 기술 소통 문서라고 할 수 있다.

참고로 Manual은 '손의, 손으로 하는, 손에'라는 뜻이다. 손톱에 바르는 화장품을 매니큐어라고 하는 것도 이 때문이다. 마찬가지로 Visual은 '눈의, 눈으로', Aural은 '귀의, 귀로'의 뜻을 가지고 있다.

(1) 설명서 작성요령

- 명령문보다 평서문으로 작성한다.
- 상품이나 제품에 대해 설명하는 글의 성격에 맞춰 정확하게 기술한다.
- 정확한 내용을 전달하기 위해서 간결체로 작성한다.
- 소비자들이 이해하기 어려운 전문용어는 가급적 사용을 자제한다.
- 복잡한 내용은 도표나 그래프로 시각화하여 소비자의 이해를 높인다.

- 동일한 문장 반복을 피하고 다양하게 표현한다.

(2) 설명서의 종류

① **상품소개서** : 일반인들이 친근하게 읽고 내용을 쉽게 이해하도록 하는 문서로 소비자에게 상품의 특징을 잘 전달해 상품을 구입하도록 유도하는 것이 궁극적 목적이다.

② **제품설명서** : 제품의 특징과 활용도에 대해 세부적으로 언급하는 문서. 제품 구입도 유도하지만 제품의 사용법에 대해 더 자세히 알려주는 데 그 목적이 있다.

6) 보도자료(報道資料, press release)

보도자료(press release)는 행정기관 및 민간기업 등에서 언론용으로 발표된 성명이나 문서를 말한다. 즉, 정부기관이나 기업체, 각종 단체 등이 언론을 상대로 자신들의 정보가 기사로 보도되도록 하기 위해 보내는 자료를 말한다.

7) 자기소개서(self introduction)

개인의 가정환경과 성장과정, 입사 동기와 근무자세 등을 구체적으로 기술하여 자신을 소개하는 문서이다. 이와 관련된 문서로는 이력서, 취업지원서 등이 있다.

8) 비즈니스 레터(E-mail)

사업상의 이유로 고객이나 단체에 편지를 쓰는 것이며, 직장업무나 개인 간의 연락, 직접 방문하기 어려운 고객관리 등을 위해 사용되는 비공식적 문서이나 제안서나 보고서 등 공식적인 문서를 전달하는 데도 사용된다.

9) 비즈니스 메모

업무상 필요한 중요한 일이나 앞으로 체크해야 할 일이 있을 때 필요한 내용을 메모형식으로 작성하여 전달하는 글이다.

(1) 비즈니스 메모의 종류

① **전화 메모** : 업무적인 내용부터 개인적인 전화의 전달사항 등을 간단히 작성하여 당사자에게 전달하는 메모이나, 현재는 휴대폰의 발달로 현저히 줄어들고 있다.

② **회의 메모** : 회의에 참석하지 못한 상사나 동료에게 전달사항이나 회의 내용에 대해 간략하게 적어 전달하거나, 회의 내용 자체를 기록하여 회의의 기록이나 참고자료로 남기기 위해 작성한 메모로서 월말이나 연말에 업무상황을 파악하거나 업무 추진에 대한 궁금증이 있을 때 핵심적인 자료 역할을 한다.

③ **업무 메모** : 개인이 추진하는 업무나 상대의 업무 추진 상황을 메모로 적는 형태이다.

10) 편지

현재는 군에나 가야 편지를 쓰는 것으로 알고 있으나, 생각보다 편지의 효력은 상당하다고 볼 수 있고, 손글씨로 정성들여 쓴 손편지는 받는 사람의 마음을 쉽게 움직일 수 있다. 특히, 사랑하는 사람이나, 감사의 마음을 손글씨로 쓴 편지로 전한다면, 그 효과는 기대 이상일 것이다.

항상 자신을 아끼고 사랑해 주는 부모님께 사랑한다는 말하기도 쉽지 않은 세상이다. 이러한 때에 부모님이나 가장 사랑하는 사람에게 진정어린 마음을 손편지에 담아 사랑을 함께 보내보는 것도 좋을 것이다. 오늘 실천해 보기로 한다.

다음의 사례는 수업시간에 학생이 작성한 편지로 짧지만 상당히 관찰력 있게 수업시간을 묘사한 것 같아 뒷장에 내용 전부를 게재하였다.

우리도 사랑하는 사람에게 손편지를 작성해 보자.

사례

편지 사례

To 교수님께

안녕하세요? 저는 ○○○○○과 17학번 ☆☆☆입니다.
이번 학기에 처음 수업을 듣게 되었는데요! 교수님의 열정적인
수업과 매끄러운 수업 진행이 너무 인상적이셔서 편지를 쓰게
되있어요! 다른 수업에 시져 집중 못하고 딴짓을 하더라도
저희의 눈과 귀로 교수님을 보고 교수님 말씀을 듣습니다.
앞으로도 좋은 수업 잘 이끌어 가주세요.
아 참! 교수님! 말씀 드리지 못한 것이 있어요. 수업 중 학생들의
눈을 마주보며 수업을 진행하는 모습이 너무 좋아요!
보통 교수님들은 다른 곳을 보시거나 한 학생만 보고 수업을
진행하시는데, 교수님께선 말하는 학생의 눈을 바라보며
수업을 진행하는 모습 매 수업마다 감동받습니다!
이 편지를 보시면 어떤 표정을 지으실지 궁금하고 떨려요.
오늘 수업도 감사히 잘 들었습니다. 교수님 항상 좋은
강의 듣게 해주셔서 감사합니다!

2018. 4. 2. 월 ☆☆☆가 올림

11) 문서의 시각화

(1) 문서표현의 시각화

① 차트 표현 : 개념이나 주제 등을 나타내는 문장표현, 통계적 수치 등을 한눈에 알아 볼 수 있게 하는 표현방법이다.

② 데이터 표현 : 수치를 표로 표현하는 것이다.

③ 이미지 표현 : 전달하고자 하는 내용을 그림이나 사진으로 표현하는 것이다.

(2) 문서를 시각화하는 4가지 포인트

① 보기 쉬워야 한다.

② 이해하기 쉬워야 한다.

③ 다채롭게 표현되어야 한다.

④ 숫자는 그래프로 표시해야 한다.

증시 전문가들은 완만한 상승 흐름으로 10월 중 2000을 다시 넘어설 수 있겠지만 안착에는 다소 시간이 걸릴 것으로 보고 있다. 한화증권 민상일 연구위원은 "미국의 금리 인하로 글로벌 금융시장의 불안감이 해소된 데다 기업실적, 남북정상회담 등 주식시장에 긍정적으로 작용할 요인이 많아 2000 돌파는 무난할 것"이라고 내다봤다.

(중략)

전문가들은 올 들어 증시를 이끌어 온 조선, 기계, 철강, 화학 등 기존 소재·산업주, 중국 관련주가 여전히 강세를 보일 것으로 예측하고 있다. 미래에셋증권은 "반도체를 제외한 전 업종에 대해 실적 상향 조정이 지속되고 있다"면서 "미국 소비경기 부진에 대한 부담으로 기존 소재·산업재에 대한 비중을 확대하는 전략이 바람직해 보인다"고 말했다.

출처 : 경향신문, 2007. 9. 30일자.

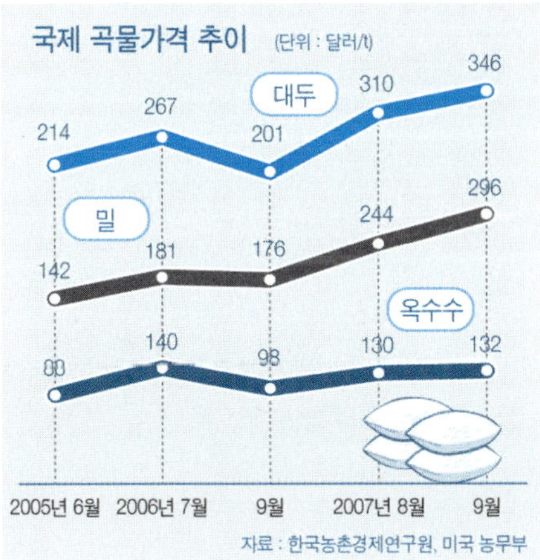

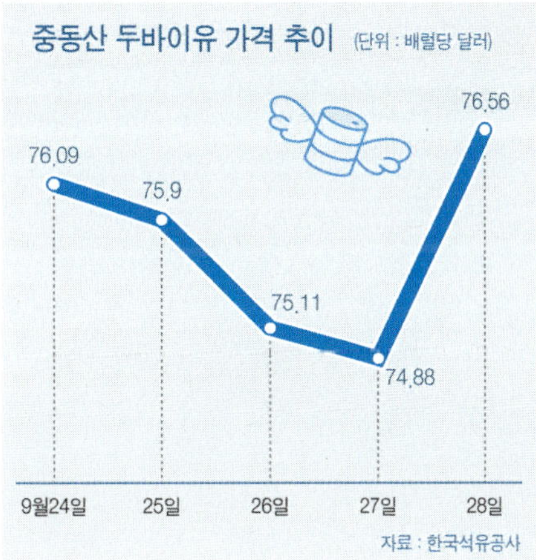

한국농촌경제연구원이 30일 내놓은 '9월 세계 곡물 가격 동향'에 따르면 밀과 옥수수 등 주요 곡물 가격이 일제히 급등했다.
9월 인도분 밀 선물 가격은 14일 미국 캔자스상품거래소에서 톤당 296달러에 거래됐다. 이는 지난해 같은 달에 비해 68% 급등한 것으로 1996년 6월 이후 가장 높은 수준이다.
시카고상품거래소에서 거래된 8월 옥수수 가격도 톤당 132달러로 지난해 같은 기간보다 34.7% 올랐다. 대두 가격도 톤당 346달러로 지난해보다 72.1%나 올랐다.

(중략)

국제유가도 계속 뛰고 있다. 한국석유공사에 따르면 9월 28일 거래된 중동산 두바이유 가격은 배럴당 76.56달러로 사상 최고치를 경신했다. 이는 미국 연방준비제도이사회(FRB)가 연방기금금리를 인하해 유동성이 더욱 풍부해진 데다 미국 석유 재고 감소세가 지속되면서 수급 불안감을 키웠기 때문으로 풀이된다.

출처 : 동아일보, 2007. 9. 30일자.

4 chapter

경청능력

경청(傾聽, listen, hearken[hɑːrkən])이란 다른 사람의 말을 주의 깊게 들으며, 공감하는 것으로 경청능력이란 다른 사람의 말을 주의 깊게 들으며, 공감하는 능력을 말한다. 경청은 대화의 과정에서 신뢰를 쌓을 수 있는 최고의 방법이다. 우리가 경청하면 상대는 안도감을 느끼고, 무의식적인 믿음을 갖게 된다. 그리고 반대로 당신이 말을 할 때, 상대는 자신도 모르게 더 집중하게 된다. 이런 심리적 효과로 인해 우리의 말과 메시지, 감정은 더욱 효과적으로 상대에게 전달된다. 우리가 경청하는 만큼 상대방은 우리의 말을 경청할 수밖에 없는 것이다. 자기 말을 경청해 주는 사람을 싫어하는 사람은 세상에 존재하지 않기 때문이다.

경청을 함으로써, 상대방을 한 개인으로 존중하게 된다. 경청을 함으로써 상대방을 성실한 마음으로 대하게 된다. 경청을 함으로써 상대방의 입장을 공감하며 이해하게 된다.

대다수의 사람은 하루 24시간 가운데 45%는 듣는 것에, 30%는 말하는 것에, 16%는 읽는 것에, 9%는 쓰는 것에 사용한다. 또 대다수의 사람들은 20~25%의 효율성을 가지고 들으며, 듣는 내용의 50%는 듣는 즉시 잊혀진다.

경청에는 '듣다, 관찰하다, 초점을 맞추다, 집중하다, 주의하다, 귀를 기울이다'와 같은 단어들이 포함된다. 즉, 경청을 잘 한다는 것은 단순히 잘 듣는(hearing)

것만이 아닌 말하는 사람의 생각을 듣는 사람이 잘 이해하고 있다는 의미도 포함되어 있는 것이다.

우리나라의 5대 그룹 임원이 되기 위한 가장 중요한 대답은 "경청하고, 경청하라"라고 말하고 있다.

경청을 잘하는 사람은 대부분 직장이나 조직에서 인기가 있고, 승진도 잘 하며, 의사소통의 능력이 탁월하다고 인정받고 있다. 단지 경청을 잘 했을 뿐인데, 이것이 경청의 매직(Magic)이다.

■ 나의 경청 능력 체크리스트

내용	전혀	가끔	거의	항상
1. 나는 화자(말하는 사람)를 방해하지 않고 자신의 생각을 표현할 수 있다.	1	2	3	4
2. 나는 상대방이 말하는 모든 것을 듣기를 원한다.	1	2	3	4
3. 나는 중요한 사실을 기억하는 능력을 가지고 있다.	1	2	3	4
4. 나는 상대방에 따라 이야기를 가려듣지 않는다.	1	2	3	4
5. 나는 메시지의 가장 중요한 세부사항을 기록한다.	1	2	3	4
6. 나는 비록 따분하기는 하지만 화자의 말을 듣는다.	1	2	3	4
7. 나는 듣고 있을 때는 주위의 산만한 분위기를 무시한다.	1	2	3	4
8. 나는 화자의 말을 진심으로 듣고 있음을 표현한다.	1	2	3	4
9. 나는 다른 사람의 말에 동의하지 않더라도 들어준다.	1	2	3	4
10. 나는 화자의 다음 말을 예측하면서 공상을 피한다.	1	2	3	4

① 30~40점: 상대방의 말을 효과적으로 경청하는 사람이다.

② 20~29점: 좋은 경청자이기는 하지만 앞으로 더 개선할 점이 있다.

③ 10~19점: 개선이 필요하다. 경청기술을 개발하기 위한 기법을 적극적으로 학습해야 한다.

1. 경청의 방법

1) 혼자서 대화를 독점하지 않는다.
2) 상대방의 말을 가로채지 않는다.
3) 이야기를 가로막지 않는다.
4) 의견이 다르더라도 일단 수용한다.
5) 말하는 순서를 지킨다.
6) 논쟁에서는 먼저 상대방의 주장을 들어준다.
7) 시선(eye-contact)을 맞춘다.
8) 귀로만 듣지 말고 오감을 동원해 적극적으로 경청한다.

2. 효과적인 경청

1) 비판적 · 충고적인 태도를 버릴 것
2) 상대방이 말하는 의미를 이해할 것
3) 단어 이외의 보여지는 표현에도 신경을 쓸 것
4) 상대방이 말하는 동안 경청하고 있다는 것을 표현할 것
5) 대화 시 흥분하지 말 것

3. 프레젠테이션의 효과적인 경청

1) 준비한다

수업시간이나 강연에 참가하면 수업계획서나 강의계획서를 나누어준다. 이때 올바른 경청을 하려면 강의의 주제나 강의에 등장하는 용어에 익숙해지도록 미리 읽어두는 것이 필요하다.

2) 주의를 집중한다

말하는 사람의 모든 것에 집중해서 적극적으로 들어야 한다. 말하는 사람의 속도와 말을 이해하는 속도 사이에 발생하는 간격을 메우는 방법을 학습해야 한다.

3) 예측한다

대화를 하는 동안 시간 간격이 있으며, 다음에 무엇을 말할 것인가를 추측하려고 노력한다. 이러한 추측은 주의를 집중하여 듣는 데 도움이 된다.

4) 나와 관련 짓는다

상대방이 전달하려는 메시지가 무엇인가를 생각해보고 자신의 삶, 목적, 경험과 관련시켜 본다. 자신의 관심이라는 측면에서 메시지를 이해하면 주의를 집중하는 데 도움이 된다.

5) 질문한다

질문에 대한 답이 즉각적으로 이루어질 수 없다고 하더라도 질문을 하려고 하면 경청하는 데 적극적이 되고 집중력이 높아진다.

6) 요약한다

대화 도중에 주기적으로 대화의 내용을 요약하면 상대방이 전달하려는 메시지를 이해하고 사상과 정보를 예측하는데 도움이 된다.

7) 피드백을 한다

피드백은 상대방이 말한 것에 대해 당신이 이야기하고, 질문을 던져 이해를 명료화하고 난 다음에 하는 것이다. 피드백은 상대방에 대한 당신의 지각이 옳았는지 확인할 수 있는 기회로서 오해가 있었다면 고칠 수 있도록 해준다. 또한 당신이 하는 피드백은 상대방에게 자신이 정확하게 의사소통을 하였는가에 대한 정보를 제공할 뿐만 아니라, 상대방이 당신의 관점을 받아들일 수 있도록 해준다. 피드백의 효과를 극대화시키기 위해서는 즉각적이고, 정직하고, 지지하는 자세여야 한다. 정직함은 당신이 느끼는 진정한 반응뿐만 아니라, 조정하고자 하는 마음, 또는 보이고 싶지 않은 부정적인 느낌까지 보여 주어야 함을 의미한다. 다음으로 지지함은 당신이 정직하다고 해서 잔인해서는 안 된다는 것이다. 부정적인 의견을 표현할 때도 상대방의 자존심을 상하게 하거나 약점을 이용하거나 위협적인 표현방법을 택하는 대신 부드러운 방법으로 표현하여야 한다.

4. 좋은 경청

토론 승리의 비결, 경청–상대를 파악하라

왜 토론에서 경청(傾聽)이 중요한가? "상대의 말을 잘 들어야 잘 대응할 수 있다"는 것은 토론의 기본 원리이다. 스피치학자들은 듣기(hearing)와 경청(listening)

을 뚜렷하게 구분하고 있다. 듣는 것은 소리라는 음파가 귓속의 귀청을 울리는 물리적 현상인 반면, 경청은 상대가 전하고자 하는 메시지를 받아들여 그 의미를 이해하는 것이다. 경청은 소리를 감지하는 물리적 귀가 아니라 감정을 알아차리는 마음의 귀를 갖는 것이다. 따라서 청각기관과 관련된 신체적 장애나 주변의 소음으로 상대의 말을 듣지 못할 때 '듣기(hearing)'의 문제가 발생한다. 반면, 자신의 입장과 시각에 갇혀 상대의 말을 들으려 하지 않거나 주의가 산만하여 상대의 말에 집중을 못하는 경우 '경청의 문제'가 발생한다.

브라우넬(Brownell, 1987)이 제시한 'HURIED 경청 모델'에 의하면, 경청은 다음과 같은 5단계 과정을 내포하고 있다. ① 듣기 단계(Hearing), ② 이해 단계(Understanding), ③ 기억 단계(Remembering), ④ 해석 단계(Interpreting), ⑤ 평가 단계(Evaluating)이다. 이 모델은 경청의 복잡한 과정뿐만 아니라 경청능력이 요구하는 다양한 하위 능력을 잘 보여 주고 있다. 흔히 경청(listening)을 '귀를 기울여 듣는 것'으로 쉽게 말하지만, 토론에서 '경청능력'이란 듣기 능력, 이해능력, 기억능력, 해석능력, 평가(비판)능력 등을 포함한 다양한 하위능력이 요구되는 고난도의 '의사소통능력(communicative competence)'을 의미한다.

토론의 많은 초보자들이 쉽게 간과하는 부분이지만, 토론과정에서 상대의 말을 경청할 수 있는 능력은 매우 중요하며, 노련한 디베이트 심사위원은 토론 선수의 경청능력을 주요 평가 항목으로 삼는다. 예를 들어, 부정 측이 긍정 측의 주장을 받아들일 수 없으니 입증 자료나 추가 답변을 제시해 달라고 요청한 부분에 대하여, 긍정 측이 '경청능력'의 부족으로 그 내용을 파악하지 못해 답변하지 않을 경우 부정 측의 이의 제기를 인정하는 결과가 되어버린다. 따라서 경청은 상대를 파악하는 가장 효율적인 방법이며, 토론 승리의 '비결'이라고 할 수 있다.

5. 경청의 종류와 능력배양기술

선천적으로 주어지는 청각능력(hearing ability)과 달리 경청능력(listening ability)은 교육과 훈련(training)으로 그 능력을 개발하여야 한다. 앞서 언급한 바와 같이 논쟁에 자주 참여하는 것 자체가 경청능력을 배양하는 좋은 방법이며, 경청 능력은 듣기 능력, 이해능력, 기억능력, 해석능력, 평가능력 등과 같은 다양한 하위능력으로 구성된다.

1) 경청의 종류

연구자에 따라 경청의 종류를 다양하게 분류하고 있지만, 경청의 '목적'을 중심으로 나누어 보면 다음 네 가지 유형으로 살펴볼 수 있다(Lucas, 1998).

(1) 감상적 경청(appreciative listening)

주로 즐거움 또는 엔터테인먼트를 위한 청취를 의미하며, 그 예로 음악감상이나 코미디 스피치 청취 등을 들 수 있다.

(2) 감정이입적 경청(empathic listening)

화자에게 감정적인 지원을 제공하는 청취로, 예를 들면 정신과 의사가 자신의 환자가 하는 이야기를 경청하거나 친구의 슬픈 사연에 귀를 기울여주는 경우를 들 수 있다.

(3) 포괄적 경청(comprehensive listening)

화자의 메시지를 이해하기 위한 청취로, 강의실에서 강의를 경청하거나 목적지에 찾아가는 길을 설명하는 것을 경청하는 경우를 예로 들 수 있다.

(4) 비판적 경청(critical listening)

비판적 경청은 상대의 메시지를 받아들이거나 거부하기 위한 목적으로 평가하며 청취하는 것을 의미한다. 자동차 판매원이 차를 팔기 위해 하는 구매 설득, 선거 후보자의 연설, 법정에서 변호인의 최종 변론 등을 청취하는 경우가 비판적 경청의 사례가 될 수 있다.

토론에서는 이처럼 다양한 유형의 경청이 복합적으로 나타날 수 있다. 특히, 교차조사식 정책 토론에서는 상대 팀의 발표를 듣는 자신의 '경청'에 초점을 맞추는 것 못지않게 청자로서 토론의 심사위원 · 상대 팀 · 청중이 자신의 발표를 경청할 때, 자신의 메시지로 하여금 어떤 유형의 '경청'을 유도할 것인가를 전략적으로 계획하고 수행하여야 한다(네이버 지식백과, 2014. 4. 15).

6. 경청의 방해요인-나쁜 습관 10가지

남의 말을 '경청'하는 것은 그리 쉬운 것이 아니며, 자신의 '의지와 노력'이 필요한 부분이다. 다음과 같은 경청을 방해하는 10가지 나쁜 습관을 배제하고, 경청하는 습관을 길러 올바른 경청을 할 수 있는 능력을 배양한다.

1) 짐작하기

상대방의 말을 듣고 받아들이기보다 자신의 생각과 맞는 단서들을 찾아 자신의 생각을 확인하는 것을 말한다. 지레짐작하고 넘겨짚으려 하는 사람들은 상대방의 목소리 톤이나 얼굴 표정 그리고 자세 등을 지나치게 중요하게 생각한다. 이들은 상대방이 하는 말의 내용은 무시하고 자신의 생각이 옳다는 것만 확인하려 한다. 특히, 상대방이 자신한테 표정이 안 좋고 시큰둥한 대답을 하는 것에 대해 본인

스스로 지레짐작하는 것 등이 있는데, 이러한 것은 오해의 소지를 불러일으킬 수 있다.

2) 대답할 말 준비하기

상대방의 말을 듣고 곧 자신이 다음에 할 말을 생각하는 데 집중해 상대방의 말하는 내용을 잘 듣지 않는 것을 말한다. 결국 자기 생각에 빠져서 상대방의 말에 제대로 반응할 수 없게 된다.

3) 걸러내기

상대방의 말을 듣기는 하지만 상대방의 메시지를 온전하게 듣는 것이 아닌 경우이다. 상대방이 분노나 슬픔, 불안에 대해 말하는 것을 들어도 그러한 감정을 인정하고 싶지 않다거나 회피하고 싶다거나 무시하고 싶을 때, 자기도 모르는 사이에 상대방이 아무 문제도 없다고 생각해버린다. 걸러내기는 듣고 싶지 않은 것들을 막아버리는 것을 말한다.

4) 판단하기

상대방에 대한 부정적인 판단 때문에, 또는 상대방을 비판하기 위해 상대방의 말을 듣지 않는 것을 말한다. 당신이 상대방을 어리석다거나 고집이 세다거나 이기적이라고 생각한다면, 당신은 경청하기를 그만두거나 듣는다고 해도 상대방이 이렇다는 증거를 찾기 위해서만 귀를 기울일 것이다.

5) 다른 생각하기

상대방에게 관심을 기울이는 것이 점차 더 힘들어지고 상대방이 말을 할 때 자꾸 다른 생각을 하게 된다면, 이는 이러한 상황을 회피하고 있다는 위험한 신호이다.

예를 들어, 남편은 최근 아내가 수강하는 취미클럽활동에 대해 말할 때마다 다른 생각을 하였다. 사실 그는 아내가 취미활동을 하는 것에 대해 못마땅하게 생각하고 있었기 때문에 부인이 신나서 이야기할 때마다 다른 생각을 하면서 자신의 감정을 드러내지 않았던 것이다. 그러나 이렇게 표현하지 못하는 부정적인 감정이 밑바닥에 깔려 있어 시도 때도 없이 고개를 내밀기 때문에 상대방은 오해받고 공격받는다는 느낌을 갖게 된다.

6) 조언하기

어떤 사람들은 지나치게 다른 사람의 문제를 본인이 해결해 주고자 한다. 당신이 말끝마다 조언하려고 끼어들면 상대방은 제대로 말을 끝맺을 수 없다. 올바른 해결책을 찾고 모든 것을 제대로 고치려는 당신의 욕구 때문에 마음을 털어놓고 이야기하고 싶은 상대방의 소박한 바람이 좌절되고 만다. 이야기를 들어주기만 해도 상대방은 스스로 자기의 생각을 명료화하고 그 사이에 해결책이 저절로 떠오르게 된다. 최근에는 특히 조언에 대하여 신경을 써야 한다. 잘못하게 되면 '지적질'이란 말로 되돌아오기 때문이다.

7) 언쟁하기

언쟁은 단지 논쟁하기 위해서만 상대방의 말에 귀를 기울이는 것이다. 상대방이 무슨 말을 하든 자신의 입장을 확고히 한 채 방어한다. 언쟁은 상호 문제가 있는 관계에서 드러나는 전형적인 의사소통 패턴이다. 이런 관계에서는 상대방의 생각을 전혀 들을 생각이 없기 때문에 어떤 이야기를 해도 듣지 않게 된다. 상대방이 무슨 주제를 꺼내든지 설명하는 것을 무시하고 상대방의 생각과는 다른 자신의 생각을 장황하게 자기 논리대로 늘어놓는다. 언쟁에서 지거나, 또는 피하게 된다면 수치스럽다고 생각하기 때문에 언쟁에서 자신의 주장을 절대 굽히지 않게 된다. 이처럼 지나치게 언쟁하기를 좋아하는 논쟁적인 사람은 상대방의 말을 경청할 수 없다.

8) 자존심 세우기

자존심이 강한 사람은 자신의 자존심에 상처를 입히는 것은 모두 받아들이려 하지 않기 때문에 상대방의 말을 제대로 들을 수 없게 된다. 당신은 자신이 잘못했다는 말을 받아들이지 않기 위해 거짓말을 하고, 고함을 지르고, 주제를 바꾸고, 변명하게 되는 것이다.

9) 슬쩍 넘어가기

대화가 너무 사적이거나 자신의 관심 밖의 내용이면, 주제를 바꾸거나 농담으로 넘기려 한다. 문제를 회피하려 하거나 상대방의 부정적 감정을 회피하기 위해서 유머를 사용하거나 핀트를 잘못 맞추게 되면, 상대방의 진정한 고민을 놓치게 된다.

10) 비위 맞추기

상대방을 위로하기 위해서 혹은 비위를 맞추기 위해서 너무 빨리 동의하는 것을 말한다. 그 의도는 좋지만 상대방이 걱정이나 불안을 말하자마자 "그래요. 당신 말이 맞아!", "미안해, 앞으로는 안 할 거야."라고 말하면 지지하고 동의하는데 너무 치중함으로써 상대방에게 자신의 생각이나 감정을 충분히 표현할 시간을 주지 못하게 된다(한국인력관리공단, pp. 90~91 인용).

이상에서 언급한 경청을 방해하는 나쁜 습관 10가지를 자신 스스로 제대로 관리한다면, 올바른 경청을 하는 습관은 이미 당신 몸에 배어 있을 것이다.

7. 경청을 방해하는 4가지 요인

1) 집중력의 부족이다. 남의 말을 듣는 것은 일정한 의지와 노력이 필요하다. 앞서 살펴본 네 가지 경청 유형 중 감상적 청취를 제외하면, 나머지 경청은 모두 두뇌의 복잡한 정보처리과정과 집중력이 요구되는 행위이다.
2) 지나치게 경청에 열중(listening too hard)하는 경우이다. 이것은 경청 자체에 지나치게 몰입해 그 이면에 담긴 화자의 의도나 심층적인 의미를 파악하지 못하는 결과를 초래할 수 있다.
3) 너무 빠르게 결론을 내려버리는 행동이다. 상대가 모든 이야기를 끝내기도 전에 스피치의 서두 부분에서 "들으나 마나 저 사람의 결론은 ~일 거야"라고 단정하고 청취하는 것이다. 따라서 화자가 제시하는 주장, 논거, 입증자료 등이 객관적으로 전달되지 않고, 청자의 성급한 결론에 의해 생성된 편견의 시각에서 메시지의 정보가 처리될 수 있다.
4) 화자의 메시지에 귀를 기울이기보다는 화자의 전달(delivery) 스타일이나 개인적 외모(appearance)에만 집중하는 것이다. 즉, 화자가 사용하는 어법이나 사투리, 전문용어 등을 집중적으로 관찰하거나 화자의 복장, 외모, 액세서리 등에 초점을 두고 정작 스피치 내용에는 관심이 없는 경우를 예로 들 수 있다.

8. 경청능력의 배양기술

정책 토론의 초보자에게 시급하게 요구되는 경청능력은 두 가지 차원으로 나누어 강조할 수 있다. 첫째, 정신적으로 경청의 준비를 할 수 있는 '의지조절능력'이 필요하다. 즉, 논쟁이 진행되는 동안 토론자는 상대가 말하는 내용의 세부사항, 요점, 논리적 약점, 입증자료 등에 귀를 기울여야 하는데, 이때 자신이 그러한 내용을 듣고자 하는 '경청 의지'를 스스로 통제할 수 있어야 한다. 둘째, 토론자는 언급된 사항에 초점을 맞추는 '집중능력'이 필요하다. 이것은 주변의 소음이나 자신의 잡념에 의해 주의가 산만해지지 않고, 상대의 말과 그 의미를 파악하는 데 정신을 집중할 수 있는 능력이다. 스피치 전문가들은 경청능력을 배양하기 위한 훈련방법으로 다음과 같은 제안을 하고 있다(Lucas, 1998).

1) 경청을 좀 더 심각하게 여긴다

경청능력을 배양하기 위한 훈련에서 가장 먼저 해야 할 과제는 청자(listener)로서 자신을 깨닫는 것이다. 상대의 스피치를 수동적으로 듣는 것에서 탈피하여 능동적으로 들으려고 노력해야 한다. 적극적인 경청을 의식적으로 하다 보면 수동적 청취에서 쉽게 간과해 버릴 수 있는 수많은 정보들이 축적되고 그 결과 능동적인 경청의 효과를 스스로 느낄 수 있게 된다.

2) 물리적 · 정신적으로 주의가 산만해지는 것을 방지한다

이상적인 토론환경은 주위를 산만하게 하는 물리적 · 심리적 요인들을 제거하는 것이다. 그러나 실제 토론에서 그러한 것들을 통제할 수 없다. 우선 발표 속도보다 청자의 생각이 훨씬 더 빠르기 때문에 청자는 다른 생각이나 잡념으로 빠져들 수 있다. 게다가 어떤 경우에는 토론 장소가 매우 덥거나 주변 소음이 들려올 수도 있다. 이러한 상황이 발생할 때마다 경청능력을 배양하기 위한 좋은 기회로 삼고, 자신의 마음을 의식적으로 발표자의 스피치로 되돌려 놓는 정신적 작업(mental work)이 필요하다. 특히, 지금까지 언급된 내용을 순서를 매기면서 마음속으로 요약하며 되새겨 보는 것이 좋다. 경청능력이 뛰어날수록 토론하고 있는 내용의 전후 상황 문맥과 요점들을 좀 더 정확하게 파악할 수 있게 된다.

3) 상대 토론자의 외모나 전달 스타일에 현혹되지 않는다

상대편 토론자의 외모, 자세, 의상, 액세서리 등에 관심을 갖거나 상이한 언어습관(사투리, 외래어, 경어체 등)에 주의를 기울이다 보면 정작 토론의 내용을 놓치게 된다. 따라서 마음속으로 스피치의 주요 요점과 증거를 파악하는 데 초점을 맞춰 발표자의 외모나 전달 스타일로부터 방해받지 않도록 연습하여야 한다.

4) 성급한 판정을 보류한다

마음을 닫아 버리면 경청을 할 수 없다. 상대 토론자의 의견이 자신과 다르더라도 우선 상대 토론자와 그의 주장에 대한 판정을 보류한다. 많은 사람들이 자신의 의견과 다르면 그 내용을 무시해 버리는 경향이 있다. 이것은 자연스러운 인간 커뮤니케이션 현상이지만 바람직한 의사소통 행위가 아니다. 성급한 판정을 보류한다는 의미는 상대 토론자의 주장에 동의하라는 것이 아니고, 스피치의 결말까지 '최종 판정'을 보류하라는 것이다. 자신의 의견과 다른 상대의 주장을 끝까지 경청하며 서로 다른 입장과 시각을 파악하고 상대가 제시한 증거와 논리를 충분히 듣고 난 뒤에 판정을 해도 늦지 않다.

5) 효율적으로 메모하는 기술을 개발한다

스피치나 토론을 지도하는 코치들은 자신의 학생이 발표하는 동안 발표의 주요 요점, 증거, 전달기법 등을 메모해 두었다가 발표를 마친 학생에게 지적과 보완사항을 요구한다. 코치의 정확한 지적에 학생들은 놀라지만 그 비결은 메모에 있다. 그러나 누구나 처음부터 효율적으로 메모를 하는 능력을 가지고 있는 것이 아니라 메모하는 기술을 개발하여야 한다.

어떤 사람들은 자신이 듣는 스피치 내용을 모두 받아 적느라 바쁘게 펜을 움직인다. 그러나 많은 내용을 적어 내려가다 보면 스피치의 맥(脈)을 잡는 것에 소홀해질 뿐만 아니라 쉽게 피로해진다. 그 반대도 있다. 노트와 필기도구로 잔뜩 무장하고 있지만 발표자의 농담, 이야기, 그림 등으로 단순히 노트의 공간을 메워 나가면서 스피치를 듣는 경우다. 이것은 '필기를 위한 필기'로 끝나 '알맹이가 없는 노트'가 되어 버린다. 가장 바람직한 메모 노트를 작성하는 방법은 '키워드 아웃라인(key-word outline)'을 작성하는 기술을 습득하는 것이다. 키워드 아웃라인은 스피치를 들으며 중요한 요점과 증거 목록을 간단명료하게 기록함으로써 만들어진다. 발표자의 스피치를 들으며, 효율적으로 메모하는 기술을 터득하는 것은 경청능력을 배양하는 또 하나의 훌륭한 방법이다.

9. 경청훈련

1) 주의 기울이기(바라보기, 듣기, 따라하기)

산만한 생동을 중단하고 비언어적인 것, 즉 상대방의 얼굴과 몸의 움직임뿐만 아니라 호흡하는 자세까지도 주의하여 관찰해야 한다. 또한 상대방이 하는 말의 어조와 억양, 소리의 크기까지도 귀를 기울인다.

2) 상대방의 경험을 인정하고 더 많은 정보 요청하기

다른 사람의 메시지를 인정하는 것은 당신이 그와 함께 하며 그가 인도하는 방향으로 따라가고 있다는 것을 언어적 · 비언어적인 표현을 통하여 상대방에게 알려주는 반응이다. 아울러 부드러운 지시나 진술, 질문의 형태를 취함으로써 상대방이 무엇이든지 당신에게 더 많은 것을 말할 수 있도록 하는 '요청하기'를 활용한다.

3) 정확성을 위해 요약하기

요약하는 기술은 상대방에 대한 자신의 이해의 정확성을 확인하는 데 도움이 될 뿐만 아니라, 자신과 상대방을 서로 알게 하며 자신과 상대방의 메시지를 공유할 수 있도록 한다. 예를 들어, 상대방의 요점에 대해서 들은 것을 자신의 말로 반복하는 표현과 자신의 요약을 확인 또는 명료화하기 위해 질문하는 표현은 다음과 같은 내용을 예로 들 수 있다. "당신은 어제 친구와 돈 문제로 언쟁이 있었군요. 그래서 기분이 몹시 상했군요?", "당신은 지금 가사 분담을 제의하였지요? 방법은 아직 결정하지 않았군요. 같이 의논하자는 것인가요?" 등등

4) 개방적인 질문하기

개방적인 질문은 "누가, 무엇을, 어디에서, 언제 또는 어떻게"라는 어휘로 시작된다. 이는 단답형의 대답이나 반응보다 상대방의 보다 다양한 생각을 이해하고, 상대방으로부터 보다 많은 정보를 얻기 위한 방법으로서 이로 인하여 서로에 대한 이해의 정도를 높이기 위해서다.

예를 들면, "이번 주말 여행 계획에 대해 말해주겠어요?", "직장을 옮기는 것에 대해 어떤 생각을 하고 있어요?"

명확하지 않은 정보와 혼돈된 정보를 명확히 하기 위해서, 인정 또는 사과의 정확성을 검토하기 위해서는 다음과 같은 표현을 사용한다.

"당신 기운이 없어 보이는군요. 무슨 일이 있어요?"

"당신은 나 때문에 정말 화난 것 같군요. 어떠세요?"

5) "왜?"라는 질문 피하기("왜?"라는 말 삼가기)

"왜?"라는 질문은 보통 진술을 가장한 부정적·추궁적·강압적인 표현이므로 가급적 사용하지 않는 것이 좋다. "왜요?", "왜 전화했어요?", "당신은 왜 내가 하라는 대로 하지 않지요?"

이렇게 말하는 것보다는 “무슨 일이 있어요?”, “무슨 일이 있어서 전화했어요?”, “내가 말해준 대로 했으면 좋지 않았을까요?”라고.

10. 경청능력을 높이는 적절한 맞장구 네 가지

1) 치켜 올리듯 가볍게 하는 맞장구 : 저런! 그렇습니까? 아닙니다. 잘됐습니다. 그렇게 하십시오.
2) 동의하듯 하는 맞장구 : 과연! 정말 그렇겠군요. 알겠습니다.
3) 정리하는 맞장구 : 말하자면 이런 것입니까?, 아! ~와 ~라는 것이지요?
4) 재촉하는 맞장구 : 그래서 어떻게 되었습니까?

11. 비판적 사고, 논객(論客; 옳고 그름을 잘 논하는 사람 또는 그런 일을 좋아하는 사람)의 조건

논쟁의 진행과정 속에서 자신의 논거와 주장을 개발하는 ‘말하기’와 상대의 논거와 주장을 잘 들으며 분석 · 비판하는 ‘경청’은 똑같이 중요하며 동시에 진행되어야 한다. 따라서 경청과 비판적 사고는 아주 밀접한 관계를 가지고 있으며, 정책 디베이트의 승패를 크게 좌우할 수 있는 변인이다. 토론에서 비판적 사고(critical thinking)란 상대 팀의 스피치, 즉 그 진술내용을 대상으로 그 안에 담겨 있는 논리적 규칙과 절차, 사실과 견해의 신뢰성, 가치성 등을 평가하고 판단하는 것이다. 따라서 비판적 사고는 다양한 측면에서 그 성격을 규정할 수 있으며, 여기서 ‘토론의 경청'에 관련된 '비판적 사고의 속성'을 간략히 요약하면 다음과 같다.

① 토론의 경청과정에서 비판적 사고는 논리적 추론, 분석적 이해, 사실적 증거의 확인, 진위의 판단 등을 포함한다.
② 토론의 경청과정에서 비판적 사고는 상대의 진술에 포함된 논증, 추론, 증거 등의 수용 또는 거부의 의사결정을 내리는 절차를 포함한다.
③ 토론의 경청과정에서 비판적 사고는 주장에 내포된 다양한 정보를 입수하고 처리하며, 정보들을 평가하는 구체적 기능으로서 문제정의, 문제해결을 위한 적절한 정보 선택, 가정된 전제의 인식, 다양한 가설의 설정과 공식화, 결론에 이르는 추론의 타당성 판별 등을 포함한다.
④ 토론의 경청과정에서 비판적 사고는 논쟁에 내포된 '절대 진리'에 대한 의구심, 논리와 근거, 경험에 따른 진실성, 객관성, 합리성, 내적 일관성, 충분한 근거를 확보하기 전까지 결론을 유보하는 철저성, 편견과 독단을 제거하는 개방성 · 융통성을 포함한다.

따라서 비판적 사고를 위해서는 상대의 주장을 경청하면서 다음과 같은 '입장과 시각'을 유지하려는 노력이 필요하다.

① 절대적인 시각을 떠나 상대적인 시각에서 스피치를 경청한다. 이것은 수동적 경청을 통하여 상대의 스피치를 있는 그대로 '절대적 시각'에서 받아들이는 자세를 지양하라는 말이다. 바꾸어 말하면, 적극적 경청을 통하여 스피치에 대한 '자발적인 정신적 노동', 즉 분석, 반박, 결론과정을 거치면서 상대적 시각을 형성하는 것이다.
② 주관적인 시각을 떠나 객관적인 시각에서 상대의 스피치를 경청한다. 특히, 논쟁에서 상대의 스피치를 객관적인 시각에서 경청하는 것은 매우 난해한 일이다. 왜냐하면 찬반 논쟁에서 한쪽의 입장을 선택한다는 것은 자신의 입장과 시각에 감정을 이입하는 것을 의미하기 때문이다. 그러나 청중은 항상 '개방적 ·

객관적인 관점'에서 찬성 · 반대 양측의 스피치를 경청하고 있다는 사실을 잊지 말아야 한다. 따라서 논쟁에서는 감정이입적 경청보다는 객관적 경청 자세를 취해야 한다. 지나친 주관적 시각에 갇히면 자신과 다른 의견에 귀를 닫는 '폐쇄적 경청'이 될 가능성이 높다.

③ 부분적인 시각을 떠나 종합적인 시각에서 스피치를 경청한다. 부분과 전체는 항상 같이 연동(聯動)되는 원리를 가지고 있다. 즉, 부분의 합이 전체이며, 전체는 부분의 증감에 따라 그 모습이 달라진다. 이러한 원리는 스피치의 비판적 경청에도 그대로 적용된다. 스피치를 경청하면서 부분에 지나치게 집중하다 보면 '전체'를 놓치고, 마치 '부분'이 '전체'인 것처럼 착각하는 현상에 빠질 수 있다. 그러나 스피치는 항상 전체적인 의미에 의해 결론이 창출되며, 특히 찬반 논쟁은 많은 부분적 논거와 다양한 증거들로 구성되기 때문에 한 부분의 승패가 전체적인 논쟁의 승패를 좌우할 수 없다. 따라서 부분적이고 표면적인 경청을 지양하고 종합적이고 심층적인 경청을 추구해야 한다.

– 네이버 지식백과, 토론의 달인, 논객 [–達人–論客] (정책 토론의 정석, 2014. 4. 15., 커뮤니케이션북스)

✤ 스티븐 코비의 경청 수준의 5단계

① 1단계–무시

② 2단계–맞장구

③ 3단계–선택적 청취

④ 4단계–신중한 경청

⑤ 5단계–공감적 경청

✤ 7 : 3의 법칙 - 7은 듣고 3은 말하라

✤ 귀가 2개이고 입이 하나인 이유는 말하는 것의 2배를 들으라는 의미이다

✤ 정리 잘하는 사람의 5가지 원칙

① 물건이나 정보의 유통기한을 정하라.

② 그때그때 현장에서 처리하라.

③ 메모하는 습관을 들여라.

④ 간편하게 정리할 수 있는 도구를 활용하라.

⑤ 이동시간을 120% 활용하라.

사례

경청

- 학생들에게 경청이 무엇인지에 대해 물어본다.
- 학생들 자신은 타인의 말에 어떻게 귀 기울이는가?
- 부모의 말에 경청하는가?
- 가장 듣기 싫은 말은 무엇인가?
- 학생들의 생각을 생각노트 또는 포스트잇에 써보도록 한다. (50자 내외)
- 참고가 될 만한 내용은 발표할 수 있게 한다.

MEMO

- 엄마의 경청에서 내가 엄마 입장이라면 아이에게 어떻게 했을까?

- 부모와 자식 간에 어떻게 하면 관계가 좋아지는지 이야기해 봅시다.

MEMO

• 자식이 말을 안 듣는다면 나는 어떻게 해야 할까요?

• 내 입장에서 우리 부모가 가장 좋았을 때는 언제라고 생각합니까?

사례…

엄마의 경청

한 어머니가 그녀의 다섯 살 난 아들에게 물었다. “만약 엄마랑 너랑 놀러 나갔어. 우린 목이 마른데, 물도 가지고 오지 않았어. 그런데 네 작은 책가방에 마침 사과 두 개가 있는 거야. 그럼 너는 어떻게 할거야?”라고 말하자, 아들은 고개를 기울이고 잠시 생각을 한 후 말했다. “저는 두 개의 사과를 모두 한 입씩 베어 먹을 거예요.” 아들의 이 대답에 그 어머니가 얼마나 실망했을지 가히 짐작할 수 있을 것이다. 그녀는 원래 다른 부모들처럼 아이를 한바탕 나무라고, 그런 후에 다시 아이에게 어떻게 해야 하는지 가르치려고 했지만, 말을 곧 입 밖에 내려던 그 순간, 그녀는 문득 생각을 바꿨다. 어머니는 아들의 작은 얼굴을 어루만지며 부드럽고 상냥하게 물었다. “네가 왜 이렇게 하려는지 엄마에게 알려줄 수 있니?” 아들은 순진무구한 얼굴로 “왜냐하면…… 왜냐하면 저는 엄마에게 제일 달콤한 것을 드리려고요!”라고 말했다. 순간, 엄마의 눈에 맺힌 눈물이 반짝였다. 우리는 모두 그 어머니 덕분에 기뻐할 만하다. 아들을 향한 그녀의 인내심과 믿음이 그녀가 아들의 사랑을 느끼게 했기 때문이다. 우리는 남자아이 덕분에도 기뻐할 만하다. 그가 순수함과 착함을 드러낼 수 있었던 것은 그의 어머니가 그에게 말을 마칠 수 있는 기회를 주었기 때문이다.

출처: 리우윈(劉云) · 해커스 HSK 공저(2015). 『해커스 중국어 HSK 5급 해설집』. p. 143

사례

관계파탄의 신호 '경멸'

변호사라는 직업 특성상 비언어적 커뮤니케이션에 관심이 많다. 입으로는 긍정적인 표현을 하지만 눈빛이나 손모양 등을 고려해 봤을 때 상대방의 솔직한 감정은 '부정적'이라는 것을 감지할 수 있다면 유용하지 않겠는가.

심리학자 앨버트 메라비안(Albert Mehrabian)의 연구에 따르면, 말하는 사람이 전하려는 메시지에 언어적 표현과 비언어적 표현 중 비언어적 표현이 훨씬 큰 영향을 미친다고 한다. 듣는 사람은 말하는 사람의 청각적인 부분, 즉 목소리로부터 38%, 표정, 태도, 몸짓 등 시각적인 부분으로부터 55%의 영향을 받는데, 이 두 가지 비언어적인 영향력을 제외하면 언어적인 부분은 7%만을 차지한다는 결론에 이른다. 이를 '메라비언의 법칙(The rule of Mehrabian)'이라고 한다.

세계적인 보디랭귀지 연구가 폴 에크먼(Paul Ekman) 교수는, 모든 인간은 그 시대와 공간을 불문하고 6가지 감정을 공유한다고 하는데, 그것이 바로 '분노, 혐오, 공포, 행복, 슬픔, 놀라움'이다. 그는 후에 일곱 번째 공유 감정으로 '경멸(contempt)'을 덧붙였다.

보디랭귀지 전문가들은 다양한 감정 중에서 주의 깊게 살펴봐야 할 감정이 바로 '경멸'이라고 말하고 있다. 관계 속에서 '경멸'의 징표가 드러나면 이는 최악의 신호라는 것이다.

얼굴에 드러나는 감정표현은 좌우대칭이다. 하지만 비대칭적인 표정의 대표적인 케이스가 '경멸'이다. 한쪽 입 꼬리만 슬쩍 올리며 반쯤 웃는 듯한 속칭 '썩소'가 가장 정확하게 경멸을 전달한다. 경멸은 우월감을 전제로 한다. 다른 사람 혹은 사물에 대해 열등하거나 가치 없다는 느낌을 가질 때 본인이 인식하지도 못한 상태에서 경멸감은 드러난다.

경멸은 죄가 있으면서도 자신의 결백을 주장하는 사람에게서도 자주 볼 수 있다. 죄를 지은 사람들은 경찰에게 신문을 당할 때 자신이 권위 있는 사람보다 우월하다는 착각을 하면서 자기도 모르게 경멸의 표정을 흘리게 된다. 반면, 결백한 사람들은 보통 염려나 충격, 놀라움 등의 감정을 단순하게 표현하는 경우가 많아 이렇게 경멸적인 표현을 하지는 않는다고 한다.

수사관들의 설명에 따르면, 가장 결백한 사람이 제일 깜짝 놀라는 모습(눈썹이 동그래지며 위로 올라가고 입은 긴장이 풀린 채 벌어지는 형태)를 보인다고 한다. 물론 죄가 있는 사람도 비슷한 공포의 표정(눈썹은 직선으로 올라가고 입이 벌어진다)을 보여 주지만, 그 표정의 지속시간이 더 길다고 한다. 뭔가 숨기는 게 있다는 의미다.

경멸은 부부관계의 위험성 판단에도 중요한 요소다. 결혼생활 지속기간을 결정짓는 특징에 관한 연구로 유명한 미국 워싱턴대 심리학과 존 고트만 박사에 따르면, 경멸은 상대에 대한 도덕적 우월성을 드러내기 때문에 부부에게는 '죽음의 신' 같은 존재라고 한다. 고트만 박사는 어떤 신혼부부가 결혼생활을 지속할지, 혹은 4~6년 후에 이혼할지를 90% 정도의 확률로 예측할 수 있는데, 그 주요 판단기준은 배우자 중 한쪽이 무의식적으로 상대방에게 경멸감을 드러내는가 여부라고 한다. 고트만 박사는 부부를 대상으로 한 심리치료 도중에 발생하는 한쪽이나 양쪽 파트너의 비웃음은 결별의 가능성을 예고하는 강력한 신호라는 사실을 발견했다.

비웃음으로 무시나 멸시를 느끼는 관계는 이미 문제가 있음을 의미하는데, 회복할 가능성이 분노나 슬픔 같은 다른 부정적인 감정보다 훨씬 낮다고 한다. 인식하지 못한 상태에서 우리 얼굴과 몸은 이미 많은 것을 말하고 있다는 사실에 놀랍지 않은가. 나로부터 비롯된, 또는 나로 향하는 '경멸'의 징후는 없는지 살펴볼 일이다.

출처: 한국일보(2018. 6. 18). 관계 파탄의 신호 – '경멸'

5 Chapter

의사표현능력

1. 의사표현

의사표현이란 한 마디로 말하기이다. 즉, 말하는 이가 자신의 생각과 감정을 듣는 이에게 음성언어나 신체언어로 표현하는 행위이다.

① **음성언어** : 입말로 표현하는 구어(口語)

② **신체언어** : 신체의 한 부분인 표정, 손짓, 발짓, 몸짓 따위로 표현하는 몸말을 의미하며 영어로는 보디랭귀지(body language)라고도 한다. 음성언어로 표현하지 못하거나 표현하기 힘든 부분을 대체하기도 하므로 일상생활에서 신체언어를 활용함으로써 언어적 의사표현이나 상황에 대한 풍부한 감정을 나타내기도 한다.

'말'이란 그 사람의 '이미지'를 결정한다.

강한 스트레스를 받고 있는 사람이거나 우울증에 걸린 많은 사람들은 말을 하지 않아 그런 일에 걸린다고 한다. 다혈질적인 사람은 스트레스를 받는 정도나 우울증에 빠질 확률이 조용하고 얌전한 사람보다 훨씬 적다고 한다. 그 이유는 자기가 받은 스트레스를 말을 통해 날려버리기 때문이다. 그러나 소심하고 조용하고 얌전한 사람들은 자신이 받은 스트레스를 누구한테 이야기하지 않고 자기 스스로 풀려고 하다 보니, 스트레스는 더욱더 심해지고, 더 심해지면 우울증으로 발전하기 쉽기 때문이다.

청소년 시기에 많은 학생들이 학업에 대한 스트레스, 교우관계에서의 스트레스, 왕따 스트레스, 미모에 대한 스트레스, 사춘기 때의 스트레스 등등 많은 스트레스를 받고 있다. 이러한 스트레스는 절대 자신의 마음속에 차곡차곡 쌓아두어서는 안 된다.

우리 모두는 자신만의 스트레스 해소방법을 하나씩은 가지고 있어야 한다. 가장 쉬운 것이 자신의 고민을 들어줄 상담자가 있어야 한다. 그러나 상담자를 찾기가 그리 쉽지 않다. 일반적인 청소년들은 가장 쉬운 상담자가 친구 아니면 부모 아니면 선생님 등이 될 수 있을 것이다. 그러나 친구로 상담자가 된 경우에는 절대 쉽게 조언을 해야 한다는 부담을 느낄 필요는 없다. 가장 좋은 상담자는 그냥 옆에 있어주는 것과 경청해주는 친구면 되기 때문이다.

1) 성공한 사람의 이미지를 위한 의사표현

① 부정적인 말투를 고쳐야 한다. – 부정적인 말투는 부정적인 이미지가 부각된다.

② 상대방의 말에 공감한다. – 상대방을 인정하면, 그 상대도 본인을 인정한다.

③ 자신을 너무 과소평가하지 말자. – 자존감을 가져야 상대도 본인을 존중한다.

④ 자신의 대화패턴을 주의 깊게 살펴본다. – 자신의 대화를 녹음해서 들어보는 것이 좋은 방법이다. 발음과 말하는 속도, 상투어를 쓰는지, 사투리를 쓰지는 않는지 등을 체크해 볼 수 있다.

2) 성공하는 CEO(Chief Executive Officer, 최고경영자)의 8가지 덕목(德目)[1)]

① 무엇을 하고 싶다 보다 무엇을 해야 하나?

② 무엇이 기업을 위한 일인가?

③ 계획표에 따라 행동한다.

④ 기꺼이 책임을 떠맡고 결정한다.

⑤ 효과적인 커뮤니케이션 구조를 만든다.

⑥ 기회를 놓치지 않는다.

⑦ 생산적 미팅 시스템을 구축한다.

⑧ 항상 '우리'라고 말한다.

시간과 의사표현에 대해서 다음과 같이 말하고 있다.

"시간은 남에게 빌릴 수도, 돈을 주고 살 수도, 저장해 두었다가 꺼내 쓸 수도 없다." 또 "시간은 가장 진귀한 자원이다. 시간을 관리하지 못하면 그 어떤 것도 관리할 수 없다."

또 의사표현에 있어서는 "인간에게 가장 중요한 능력은 자기표현이며, 현대는 의사소통에 의해 좌우된다."고 그 중요성을 언급했다. 즉, 해야 할 말을 자신 있게 말하는 사람이야말로 진정 용기 있는 사람이다. 오늘날은 의사표현의 시대이므로 표현을 못하면 자신의 능력을 충분히 표출하기 어렵다. 반면에 의사표현을 잘하면, 인생의 목적을 쉽게 달성할 수 있게 된다.

---

1) 피터 드러커(Peter Ferdinand Drucker, 1909~2005)는 현대 경영학의 창시자라고 불린다. 경제적 제원을 잘 활용하고 관리하면, 인간생활의 향상과 사회 발전을 이룰 수 있다고 생각하고, 이런 신념을 바탕으로 한 경영관리의 방법을 체계화시켜 현대 경영학을 확립하였다.

■ 의사표현의 한 방편인 프레젠테이션의 자기 체크리스트

내용	전혀	가끔	거의	항상
1. 나는 프레젠테이션 상황에서 일방적인 전달자가 된다.	1	2	3	4
2. 나는 프레젠테이션 상황에서 시간분배를 제대로 하지 못한다.	1	2	3	4
3. 나는 프레젠테이션 상황에서 설명이 정확하지 못하다.	1	2	3	4
4. 나는 프레젠테이션 상황에서 분위기를 딱딱하게 만든다.	1	2	3	4
5. 나는 프레젠테이션 상황에서 전문용어를 지나치게 쓴다.	1	2	3	4
6. 나는 프레젠테이션 상황에서 스크린만 쳐다본다.	1	2	3	4
7. 나는 프레젠테이션 상황에서 중얼거린다.	1	2	3	4
8. 나는 프레젠테이션 상황에서 간조어(아~, 에~)를 사용한다.	1	2	3	4
9. 나는 프레젠테이션 상황에서 종종 헤맨다.	1	2	3	4
10. 나는 프레젠테이션 상황에서 제스처를 안 쓴다.	1	2	3	4

① 30~40점: 도움이 필요하다. 프레젠테이션 기술을 개발하기 위한 기법을 적극적으로 학습해야 한다.

② 20~29점: 좋은 프레젠터이기는 하지만 앞으로 더 개선해야 한다.

③ 10~19점: 프레젠테이션을 효과적으로 하는 사람이다.

2. 의사표현의 방해요인

1) 연단공포증

무대공포증이라고도 한다. 발표를 두려워하는 것을 말한다.

몇 년 전에 있었던 실제 사례를 들어본다. 몇 년 전 2학년을 대상으로 발표수업을 진행하면서, 모든 학생들에게 4명씩 조를 짜서 발표 준비를 분담시켰는데, 수업이 끝난 후 한 학생이 연구실로 찾아왔다. 그 학생은 "교수님, 드릴 말씀이 있습니다."라고 모기소리만 한 목소리로 말하였다. 나는 일단 연구실에 왔으니, 커피를 한 잔 하면서 천천히 말하라고 하면서, 커피를 한 잔 타서 주면서 말해보라고 하였다. 그 학생은 한동안 주저주저하며 말을 못하다가 역시 모기만 한 목소리로 "발표수업인데 저는 발표를 못하겠습니다. 왜냐하면 저는 여태까지 한 번도 발표를 해 본 적이 없습니다. 그리고 남 앞에 선다는 것이 너무 떨려서 발표를 할 수 없습니다. 발표를 못해서 학점을 좋지 않게 주신다고 해도, 그대로 받겠습니다." 라는 말을 거의 울기 직전의 상태로 말하였다. 나는 그 이야기를 듣고 속으로는 당황하였다. 어떻게 이야기를 해 주어야 할까 잠시 고민을 하다가, 이렇게 이야기 해 주었다. "학생은 그런 어려움이 있었는데, 내 연구실까지 찾아와 어렵게 그 이야기를 한 것 자체가 나는 발표를 한 것으로 생각한다. 그러니 발표조가 발표를 할 때, 발표는 못하더라도 발표문을 함께 만들어 낸다면, 나는 발표를 한 것으로 인정을 해 주겠다."고 말하였다. 내 이야기를 들은 그 학생의 얼굴이 환히 밝아지는 모습을 볼 수 있었다. 커피도 마시는 둥 마는 둥 하며, 얼른 일어나 아까보다는 좀 큰 소리로 "안녕히 계세요."라는 말을 마치고는 연구실을 나갔다. 그러한 이야기를 들은 후 부터는 수업시간 때에도 그 학생을 유심히 보게 되었다. 역시 다른 아이들보다는 수줍음을 많이 타는 것 같았고, 공개적인 질문에 대한 답변도 잘 안하는 것처럼 보였다. 그래서 몇 번 수업시간에는 의도적으로 그 학생에게 질문을 하였다. 아주 쉬운 문제에 대한 답을 물었다. 답변은 모기목소리보다도 더 작게 대답을 할 때면, 나는 다시 다른 학생들이 알아듣도록 내가 큰 소리로 그 학생이 말한 것과 똑같이 반복해 말해 주었다. 이렇게 몇 번의 수업시간을 마치고, 그 학생의 발표 날이 다가왔다. 발표 날이 되었는데, 수업 전에 그 학생이 다시 연구실로 찾아왔다. 그 학생이 왔길래 나는 혹시 발표를 안 하려고 한다는 것을 말하기 위해 찾아온 것이 아닌가라고 생각하고 있을 때, 그 학생은 역시 모기소리만 하게 "교수님, 이번 발표에 저도 발표를 해보겠습니다. 못하더라도 이해해 주세요."라고 말하였다. 그래서 나는 "정말 대단한데? 잘하고 못하는 것이 중요한 것이 아니라, 발표하는 것 자체가 대단한 일인거야."라며 용기를 북돋아 주었다. 그 학생은 수업시간에 발표를 하였다. 준비를 아주 많이 해왔다는 것을 한눈에 알 수 있었다. 수업시간에 그 학생의 발표에 대해 칭찬해 주었다. 그리고 학기말이 되었을 때, 그 학생이 다시 연구실로 찾아왔다. "교수님 이제는 발표하는 것이 가장 재미있어요."라고 말하였다. 그 후 들은 이야기지만, 교내의 어떤 발표든 있으면 모두 참여하여 수상을 하곤 하였다는 이야기를 들었다. 가르치는 것에 대한 기쁨이란 것이 이런 것이 아닐까 한다.

2) 말

한번 뱉은 말은 돌이킬 수 없기 때문에 신중하고, 책임 있는 말을 해야 한다. 또 말은 가능하면 간결하게 상대방에게 전달해야 오해가 없다. 정확한 말의 표현을 노력과 연습에 의해 이루어진다는 것을 명심해야 할 것이다. 본심은 그것이 아닌데, 잘못된 말을 내뱉어 낭패를 보는 일을 우리는 주위에서 왕왕 볼 수 있다. 또 발음을 잘못해서 낭패를 보는 경우도 있다. 예를 들면, '敗北'라고 쓴 것을 '패배'라 읽지 않고 '패북'으로 읽는다거나, '挑戰'이라고 쓴 것을 '도전'이라고 읽지 않고, '조전'이라고 읽거나, '邀請'이라고 쓴 것을 '요청'이라고 읽지 않고, '격청'이라고 태연하게 말했다고 한다면, 그 말한 사람이 아무리 무게 있고 귀중한 말을 하였다 하더라도 그 가치는 땅에 떨어지고 신뢰성은 상실될 것이다. 그러므로 '말'은 그 사람의 '이미지'이기 때문에 아주 명확하게 의사를 표현해야 한다. 말에는 단어의 장단[눈/눈:(雪), 밤/밤:(栗), 배/배/배/배:(倍)], 음의 고저, 발음(우리말의 발음은 음가대로 발음해야 할 경우, 음가를 더해 내는 경우, 음가를 줄여 내는 경우, 음가를 바꾸어 내는 경우, 이 소리 저 소리 두루 쓰이는 경우 등으로 나누어진다)으로는 관습자음: 암여우-암녀우, 밤이슬-밤니슬, 살고기-살코기, 안밖-안팎으로 읽고, 받침법칙으로 만이-마지, 값이-갑시, 밖이-박기, 꽃아리-꼬디리로 읽으며, 두음법칙으로 녀자(女子)-여자, 뇨도(尿道)-요도, 니승(尼僧)-이승으로 읽히며, 된소리로 헌법-헌뻡, 인권-인꿘, 인격-인껵, 옷감-옷깜으로 읽어야 하고, 축약으로 어두운-어둔, 하여서-해서, 되어서-돼서로 읽을 수 있으며, 자음접변으로 백리-뱅리, 신라-실라, 국립-궁립, 공로-공노로 읽어야 한다. 말의 속도, 쉼과 띠어 말하기 등이 있다.

3) 음성

영국 NBC 방송국의 아나운서 켈리(Keely)가 "100명 중 5명반이 선천적으로 좋은 음성을 타고 났다."라고 말하고 있다.

✤ 좋은 목소리를 내기 위한 방법

첫째, 편안한 마음으로 경청할 수 있는 적절한 크기의 음성

둘째, 분명하고 명확한 음성

셋째, 음성을 변화시키는 요령 습득

최근 스피치 연구가들은 일정한 음도를 유지하다가 보다 낮은 목소리로 갑자기 전환하는 것이 오히려 높은 목소리로 전환하는 것보다 강조의 효과적인 수단이라고 주장한다.

넷째, 목소리는 그 사람의 개성, 연령, 인생체험의 깊이와 밀접한 연관을 갖는 만큼 개인의 여건에 맞는 진실된 목소리를 가져야 한다.

✤ 좋은 목소리를 만드는 방법 3가지

첫째 복식호흡을 통해 배에서 소리를 낸다.

둘째, 기본 모음인 아, 이, 우, 에, 오의 발음을 정확히 한다.

'아'는 손가락 세 개가 세로로 들어갈 정도로 입을 크게 벌리며 발음한다.

'이'와 '에'는 입을 옆으로 최대한 크게 벌려 발음한다.

'우'와 '오'는 입을 되도록 앞으로 많이 내밀어 발음한다.

셋째, 혀 위치는 모음에 따라 변한다. 발음이 정확하지 않다는 것은 발음 시 혀의 위치가 정확하지 않기 때문이다. 혀로서 모음의 위치를 정확하게 발음하기 위해서는 아나운서들이 발음을 연습하는 방법을 활용할 수 있다. 볼펜을 입에 문 상태에서 책을 읽는 것이다. 볼펜 때문에 혀가 자유롭게 움직일 수 없기 때문에 불편하지만, 그런 상태로 계속 책을 읽으면 혀가 정확한 모음의 위치로 가려는 노력을 하기 때문에 점차 발음이 정확해진다. 볼펜을 입에 물고하기가 위생적으로 문제가 있다면, 잘 닦은 포도 알이나, 방울토마토를 혀 가운데에 놓고 발음하는 것도 좋은 방법으로 추천할 만하다. 이렇게 발음을 할 때는 천천히 발음을 연습해야 하고, 점차 발음을 빨리하는 방법을 활용해야 한다.

4) 몸짓

일반적으로 의사를 표현할 때, 특히 다른 사람 앞에서 발표 등을 해야 할 때에는 의사표현에 상당한 두려움이 동반된다. 이러한 두려움은 준비를 착실하게 함으로써 두려움과 불안을 상쇄시켜 안정을 회복하고, 내용에 부합되는 제스처를 쓰면 의사표현을 하는 데 아주 긍정적인 효과를 가져올 수 있다. 특히, 외모와 몸짓이 중요한데, 성공적인 화자는 '어떻게'와 '무엇을'이 일치되도록 노력해야 한다.

외모는 자세, 복장, 얼굴 표정 등이 청자에게 보내지는 신호일 수 있다. 좋은 자세와 자연스러운 표정 등은 청자에 부담이나 불쾌감을 주지 않기 때문에 화자의 의사표현이 청자에 제대로 전달될 수 있다.

화자의 동작 및 제스처는 화자의 큰 관심을 끌게 되어 있다. 쓸데없는 몸놀림이나, 의미 없는 제스처는 청자의 부담을 증가시킨다. 그러나 화자가 잠시 말을 멈추고 한 발짝 청중 앞으로 다가갔다면, 상황에 따라서 “나의 신념을 믿으시오.”, 또는 “중요한 말을 하고자 합니다.”, “내 이야기를 어려워하지 마세요.” 등의 의미를 가질 수 있다. 또한 몸을 좌우 전후로 한 발짝 옮긴다면 이것은 사상의 이전 또는 심화를 의미할 수 있다. 이러한 동작에서 화자의 정신상태, 태도, 여건, 역할, 생명력 등이 은연중에 표출된다고 보인다. 이것은 역으로 필요시 동작의 통제도 같은 효과를 나타낼 수 있음을 의미하는 것이라고 할 수 있다.

5) 유머

영국인에게 “당신은 참 유머감각이 없네요(You have no sense of humor).”라고 말하는 것은 가장 모욕적인 말이라고 알려져 있다. 영국인들은 유머를 일상생활의 한 방편으로 활용하고 있음을 알 수 있다.

유머는 “사막에서 찾은 오아시스”와 같고, “가뭄에 내리는 단비”와도 같다고 할 수 있다. 서로 어색한 상태와 어색한 분위기에서 멋진 유머를 말한다면, 그 분위기는 금방 반전될 것이며, 백 마디의 말보다 한 마디의 유머가 당신과의 관계를 원만하게 유지시켜 줄 것이며, 많은 사람들로부터 인기 있는 사람이 될 것이다.

유머는 흥미 있는 이야기로, 과장된 표현으로, 권위에 대한 도전으로, 자기 자신의 이유로, 엄숙한 분위기를 가볍게 만들 때, 부드러운 말로 풍자 또는 비교로, 반대표현으로, 모방 및 성대모사(聲帶模寫)로, 예기치 못한 방향전환의 일환 등으로 활용될 수 있다.

3. 의사표현의 방해요인 제거방법

1) 연단공포증 극복방법

① 완전무결하게 준비하라.

② 청중 앞에서 말할 기회를 자주 가져라.

③ 시간보다 더 많이 준비하라.

④ 충분히 휴식을 취하라.

⑤ 처음부터 청자를 웃겨라.

⑥ 심호흡을 하라.

⑦ 청자 분석을 철저히 하라.

⑧ 청자를 호박으로 보라.

⑨ 청자의 코를 보라.

2) 유머를 활용하는 방법

① 자기의 실패담을 이야기한다.

② 기발하고 참신한 자료를 찾는다.

③ 한 단계 더 파고든다.

④ 습관적인 사고방식을 배제한다.

⑤ 청자 가운데 한 사람을 화제로 삼는다.

⑥ 쾌활한 태도로 간단한 이야기를 임기응변식으로 처리한다.

⑦ 이야기는 빨리 하고 빨리 끝낸다.

⑧ 서투른 유머를 해서는 안 된다.

⑨ 무리하게 웃기려고 하지 않는다.

⑩ 청자를 염두에 두고 이야기를 선택해야 한다.

⑪ 다른 사람의 기분을 상하게 하는 이야기는 하지 말아야 한다.

⑫ 화자가 먼저 웃어버리면 안 된다.

⑬ 진지한 내용의 연설을 전개할 때, 요점 보강에 주력하되 유머 삽입은 가능하면 피한다.

사례…

천사들의 방문-보이는 것이 다가 아니다

옛날 나이 든 천사와 젊은 천사가 하늘에서 내려와 인간 세상을 여행하게 되었다. 두 천사는 이곳 저곳을 여행하던 중 날이 저물자, 그 마을에서 가장 부유한 집으로 가서 하루를 묵게 해달라고 요청하였다. 그 부잣집의 주인은 두 천사들의 행색을 보고는 탐탁지 않게 여기며, 다른 방이 있음에도 불구하고, 오직 지하의 방 하나만이 있으니, 그곳에서 묵으려면 묵으라고 하였다. 두 천사는 지하의 방에서 하루를 묵기로 하였다. 그런데 하루를 묵고 난 다음 그 집에서 나오면서 나이든 천사는 그 지하방 벽에 낡아 구멍이 난 것을 보고는 진흙으로 그 구멍 난 곳을 잘 메우고 칠을 해주고는 그 집에서 나왔다. 다음 날도 여행을 하던 중 이번에는 그 지역에서 가장 가난한 사람의 집으로 가서 하루를 묵게 해달라고 하였다. 그 가난한 부부는 반갑게 맞이하면서, 자신들이 먹을 것도 없는 상태에서 두 방문객을 위해 감자와 고구마를 삶아 내왔다. 두 천사는 감사하다고 하며, 맛있게 먹었다. 그런데 다음날 날이 밝기도 전에 두 부부가 우는 소리가 들려 젊은 천사가 그들에게 나가서 왜 우는지를 물었다. 그러자 그들 부부는 자신들의 유일한 재산인 젖소가 갑자기 죽어서 너무 슬퍼 울고 있다는 것이다. 이 소리를 들은 젊은 천사는 나이든 천사에게 따지면서 물었다. "이 가난한 집의 유일한 재산인 젖소가 죽는데도, 천사님은 왜 막지 않았습니까? 그리고 어제 부잣집에서는 우리에게 아무것도 해주지 않고, 먹을 것도 주지 않았는데, 왜 그 지하의 구멍 난 벽을 막아주었습니까?"라고 힐책을 하자, 나이든 천사는 잠시 망설이다 다음과 같이 말하였다. "어제 그 부잣집의 구멍 난 벽을 막아준 것은 구멍 사이로 들여다보니 벽 사이에 금괴가 있어 금괴를 보이지 않게 구멍 난 곳을 막아주었던 것이고, 이 가난한 부부 집의 젖소가 죽은 것은, 어제 내가 잠자리에 들려고 하는데, 저승사자가 나타나 가난한 부부의 부인을 잡아가려고 하는 것을 보고는 부인 대신에 젖소를 잡아가 달라고 부탁하여 젖소가 죽은 것이네."라고 말하였다. 이 소리를 들은 젊은 천사는 자신이 본 것이 다가 아니라는 생각에 "아! 그럴 수도 있구나."라고 반성하면서, 나이 든 천사에게 감사의 말을 전했고, 이 말을 가난한 부분에게 전하자, 가난한 부부는 나이 든 천사에게 몇 번이고 감사의 말을 전했다. 이 두 천사는 가난한 부부의 감사의 말을 뒤로 하고는 이승 여행을 마치고 다시 하늘로 올라갔다. 이 가난한 부부는 다시 생명을 주심에 감사하며 더 부지런하게 노력하여 부자가 된 후에도 가난했을 때를 잊지 않고 살아가면서, 가난한 사람들을 도와주는 데 앞장섰다고 한다.

MEMO

- 자신이 알고 있는 유머 소개해 보기

- 자신이 알고 있는 줄임말 이야기해 보기

(마상 : 마음의 상처, 어사 : 어색한 사이, 갑분싸 : 갑자기 분위기 싸해짐)

4. 상황과 대상에 따른 의사표현법

1) 상대방이 잘못을 지적했을 때

상대방이 어떤 잘못을 저질렀을 때, "왜 그렇게 했습니까?", "당신은 왜 항상 늦습니까?", "왜 일을 끝내지 않았나요?"라고 직접적으로 그 잘못을 지적하는 것은 바람직하지 않다. 이렇게 꾸짖는 투로 잘못을 지적한다면, 잘못한 사람은 전혀 잘못을 느끼지 못하고, 질책하는 사람에게 반감만이 생길 뿐이다. 잘못한 것을 지적할 때는 앞으로 이러한 잘못을 더 이상 하지 말도록 하는 것이 아주 중요한 것이므로, 잘못을 저지른 사람이 이렇게 하면 안 되겠구나 라는 생각이 들게 하는 것이 중요하다. 그러므로 스스로 잘못에 대한 인정과 개선을 하도록 말하는 것이 좋을 것이다. 예를 들면, "오늘 무슨 일이 있었나봅니다?", "오늘까지 일을 마쳤어야 하는데, 못 마친 것을 보니 어제 무슨 일이 있었나보죠?"라고 하는 것이 훨씬 큰 효과를 발휘할 것이다.

2) 상대방을 칭찬할 때

상대방을 칭찬할 때, 영혼 없이 입으로만 칭찬하는 것은 칭찬을 하지 않은 것만 못하다. 칭찬을 할 때는 상대방의 어떤 점을 칭찬한다고 구체적으로 언급을 하면서 칭찬해 주는 것이 효과가 있다. 입으로만 하는 칭찬은 잘못 아부로 여겨질 수도 있으므로, 칭찬도 센스 있게 해야 한다. "칭찬은 고래도 춤추게 한다."고 할 정도로 올바른 칭찬은 뜻밖의 대단한 효과를 창출해 내기도 한다. 특히, 청소년기 때의 학생들에 대한 칭찬은 해도 해도 과함이 없음을 꼭 명심해야 한다. 이러한 때의 칭찬 한 마디가 한 인간의 앞날을 바꾸어 놓을 수도 있기 때문이다.

3) 상대방에게 부탁해야 할 때

상대방에게 부탁할 때, 상대방이 거절할 수도 있다는 것을 먼저 상기하여, 최대한 상대방을 불편하지 않게 하는 상태에서 부탁하는 것이 한 방법이라고 할 수 있다. 특히, 부탁에 드는 비용, 기간, 시간 등이 필요로 하는 것이라면, 반드시 미리 이러한 것에 대해 어떻게 처리할 것인지에 대한 해결방법을 제시하고 부탁하는 것이 올바른 부탁방법이다.

4) 상대방의 요구를 거절해야 할 때

일반적으로 사회생활을 할 때, 가장 힘든 일 가운데 한 가지라고 할 수 있다. 특히, 개인적으로 가까운 친구나 친지, 혹은 회사 선후배 간이라고 한다면, 쉽게 상대의 요구를 거절 수 없을 것이다. 상대의 요구에 무조건 "안 돼!"라고 말하는 것도, 그렇다고 가타부타 말을 하지 않는 모호한 태도는 더 큰 문제가 될 수 있다. 거절을 할 때는 단호하게 거절하는 것이 좋은데, 상대의 감정을 상하지 않게 보듬어 주는 것이 인간관계를 나쁘지 않게 하는 한 방법이라고 말할 수 있다.

5) 명령해야 할 때

"OO씨, 이것 이렇게 해!"라고 강압적으로 말하기보다는 "이렇게 해주는 것이 어떻겠습니까?"라는 식으로 부드럽게 표현하는 것이 훨씬 좋으나, 이렇게 할 경우, 카리스마가 없어질 우려가 있으므로, 적절한 조화가 필요하다.

6) 설득해야 할 때

일방적인 강요나 상대방에게 손해만 보라는 식으로 '밀어붙이기 식'의 대화는 금물이다. 올바른 설득은 협상이라고 할 수 있다. 협상 사례를 통해 설득의 성공 방법을 배울 수 있다.

사례…

협상 사례

✤ 말투 하나로 상대방의 마음을 바꾸는 3가지

첫째, 인용효과(전문가의 의견을 내세우기)

이렇게 근거를 제시하면서 이야기를 하면, 자신의 얘기가 아주 공신력을 얻게 되어 상대방도 쉽게 수긍을 하게 된다.

둘째, 라벨효과 또는 네테르 효과 – 당신은 ○○○한 사람이다. 즉, 그 사람에게 어떤 이미지를 부여하여, 그 사람으로 하여금 그 이미지에 맞는 사람이 되게 하는 방법

셋째, 지극히 평범하게 말 걸기

지극히 평범한 말투로 말을 거는 것은 상대방을 편하게 하기 때문에 상대의 마음을 바꿀 수 있다(친구를 사귀고자 할 때).

✤ 협상(Negotiation) = 설득 의사소통(스튜어트 교수의 예)

첫째, 상대방의 표준을 이용하라(예를 들어, 고급호텔에 개미가 있다. 어떻게 얘기하겠는가?).

둘째, 상대방의 감정에 감정적 지불을 하라(공항 좌석 발권하는 곳에서 비행기 좌석이 가장 좋지 않은 가운데 자리만 남았다고, 모든 고객들이 그 직원에게 화를 내고 있었다. 내 차례가 왔다. 나는 그 직원에게 어떻게 할 것인가?).

✤ 부자가 되는 방법 – 친구를 잘 사귀는 것

나의 연봉을 알아보는 방법이 있을까? 쉽지 않을 것 같다. 그런데 나름 근거가 있으면서 내 연봉을 어느 정도 추정할 수 있는 방법을 얘기해주는 글이 있어 이곳에서 소개해본다. 어학 공부를 하던 중에 시험문제에 있던 지문의 내용을 번역한 것이어서, 부분적으로 원문과는 다름이 있음을 밝히고 제시한다. 먼저 가장 오래된 친구 6명의 이름을 종이에 적는다. 그리고 그 친구들의 매월 수입의 평균을 적으면, 그것이 바로 당신의 수입이 될 것이다. 당신의 수입은 사교능력과 직결되어 있다. 당신 주변에 어떤 친구가 있느냐는 당신의 사교능력과 직결되기 때문이다.

기러기들은 우리가 철새라고 잘 알고 있다. 기러기들도 자기가 어떤 기러기 무리의 팀원이냐에 따라 그들이 멀리 높이 날아갈 수 있는 것이다. 자신도 기러기의 이동에 큰 힘이 되는 일원이 된다면, 분명 일반 사람들보다는 훨씬 많은 연봉을 받는 직종에 종사할 것이다.

7) 충고해야 할 때

사람들은 자신의 말을 잘 들어주거나 칭찬을 해 주는 사람을 좋아하지만, 들을 준비가 되어 있지 않은 사람에게 충고를 한다는 것은 인간관계를 해칠 위험성이 크다. 이러한 충고는 상대가 지적을 하는 것으로 인식할 수 있기 때문에 조심하여야 한다. 충고는 타인의 잘못을 일깨워주는 마지막 방법이다. 하지만 그래도 충고를 해야 할 상황이라면, 예를 들거나 비유법으로 깨우치게 해주는 것이 좋은 방법이다.

8) 질책해야 할 때

질책화법에서 가장 많이 쓰는 방법은 '샌드위치 화법'이다.

샌드위치 화법이란 '칭찬의 말 + 질책의 말 + 격려의 말의 순서대로 하는 것이다. 질책을 당하는 상대방은 어떤 잘못으로 인해 질책을 듣는다는 것은 누구도 그리 기분 좋은 일은 아닐 것이다. 그러므로 상대방이 잘했던 일을 먼저 말을 하고, 수정해야 될 부분에 대해 언급해 주어 고칠 수 있게 말한 다음 다시 잘 할 수 있도록 용기를 불어넣어주는 방법이 좋은 화법이다. 질책을 잘못하고, 잘못 받아들이게 되면, 비난이나 야유로 들릴 수 있으며, 이렇게 된다면, 결국 자신에게 부메랑이 되어 돌아올 수도 있기 때문이다.

5. 원활한 의사표현을 위한 지침

원활한 의사표현을 위해 우리는 부단히 노력하여야 한다. 원활한 의사표현을 하기 위해서는 다른 사람의 마음을 읽어낼 줄 알아야 한다. 좋은 말은 더 기분 좋게, 부담스러운 내용이라도 실망이나 다툼을 야기하지 않고, 서로 이해할 수 있도록 부드럽게 처리하는 요령이 필요하다. 요사이 주변에서 의사표현의 문제로 많은 다툼을 볼 수 있다. 주차 시비, 층간 소음문제 등 우리가 조금만 의사표현을 달리한다면 다툼이 일어나지 않는다는 것을 알 수 있다.

사례

다툼 사례 상황극(2명씩 짝을 짓는다)

- 층간 소음문제로 인한 다툼
- 흡연문제로 인한 다툼
- 주차 시비로 인한 다툼

→ 해결방법을 포스트잇 또는 생각노트에 적는다.

1) 올바른 화법을 위해 독서를 하라

"아" 다르고 "어" 다르다는 말이 있다. 같은 말이라도 어떻게 표현하느냐에 따라 상대방의 반응도 달라진다. 올바른 화법을 위해 독서를 꾸준히 해야 한다.

2) 좋은 청중이 되라

말을 잘하는 사람은 남의 말을 잘 듣는 사람이다. 평판이 좋은 사람을 보면 대개 말수가 적고, 상대편보다 나중에 이야기하며, 다른 이의 말에 세심히 귀를 기울이는 사람임을 알 수 있다. 불필요한 감정, 시간의 소모 없이 생산적인 의사표현을 이끌어 가기 위해서는 상대방의 성격, 인품, 습관을 미리 파악하는 것도 한 방법이다.

3) 칭찬을 아끼지 마라

아첨과 구분되는 칭찬은 아낄 필요가 없다. "칭찬은 고래도 춤추게 한다."는 말을 절대 잊어서는 안 된다. 칭찬은 기적을 일으킨다.

4) 상대의 말에 공감하고, 긍정적으로 보이게 하라

가장 쉬운 방법은 상대편의 말을 그대로 받아서 맞장구를 치는 것이다. "요즘 사업하기 너무 힘들어!"라는 말을 들었을 때, 바로 "정말 힘이 드시겠군요."하고 맞장구를 쳐주면 상대방이 편안함을 느낄 것이다. 사람은 자신의 희로애락에 공감하는 이들에게서 안정감과 친근감을 느끼기 때문이다. 긍정의 기술도 필요하다. "얼굴이 왜 그렇게 안 좋아요?"라고 하는 것보다는 "요즘 바쁘신가 봐요? 역시 능력 있는 분은 다르군요."라고 말해주는 편이 훨씬 효과적이다. 또한 "당신이 이렇게 멋있었나!"라고 하는 것보다는 "당신 정말 멋있어!"라고 표현하는 쪽이 훨씬 더 담백하고 긍정적으로 보이게 한다. 그때그때 적절한 감탄사를 동원하여 맞장구를 치면서, 적절하게 공감하는 의견을 제시한다면, 상대방은 당신에게 많은 호감을 보일 것이다.

5) 겸손은 최고의 미덕임을 잊지 마라

우리나라 옛 속담에 아내 자랑, 자식 자랑 많이 하는 사람을 두고 팔불출(八不出)이라고 하였다. 팔불출이란 말은 열 달을 채 못 채우고 여덟 달 만에 나왔다는 뜻으로 몹시 어리석은 사람을 조롱하여 이르는 말이다. 또 지금은 아니지만, 예전에는 여성들이 듣기 싫어하는 말이 축구이야기이고, 더 듣기 싫어하는 말은 군대에서 축구하는 이야기라는 우스갯소리가 있다. 누구나 다른 사람 앞에서 자신의 장점을 자랑하고 싶은 심리는 있다. 그러나 이러한 욕구를 적정선에서 제어하지 못하면 만나는 게 부담스럽고 껄끄러운 사람으로 낙인이 찍힌다. 내면적으로 자신감을 가지고 있는 것과 잘난 척하는 것 사이에는 큰 차이가 있다. 장점은 남이 인정해 주는 것이지, 자신이 애써 부각시킨다고 해서 공식화되는 것은 아니다. 너무 완벽해 보이는 사람에겐 거리감이 느껴질 수도 있으므로, 자신의 단점과 실패담을 앞세움으로써 사람들로부터 더 많은 지지를 얻을 수 있다는 사실을 기억해야 한다. 그렇다고 무시로 자신의 단점을 말하는 것은 생각이 모자라서 자기에게 주어진 분수나 체면 따위를 잘 모르는 사람인 푼수라고 인식될 수 있으므로 조심해야 한다. 즉, 겸손은 자랑과도 다르고, 푼수와는 더욱 차이가 있음을 명심해야 한다. 겸손이란 남을 존중하고 자기를 내세우지 않는 태도인 것을 명확히 인식하여야 한다.

6) 과감하게 공개하라

비밀의 공유는 강력한 유대감을 불러온다. 좋은 관계를 유지하고 싶은 상대방에게 먼저 자신의 속내를 드러낸다면 상당한 효력을 발휘할 것이다. 이는 곧 '나는 당신을 나 자신처럼 믿는다.'는 신뢰의 표현이기 때문이다.

7) '뒷말'을 숨기지 말라

별것 아닌 일에도 버릇처럼 중의적인 표현을 사용하는 사람들이 있는데, 이는 곧이곧대로 칭찬하거나 감탄하는 대신에 석연치 않은 뉘앙스를 풍겨 상대방을 몹시 기분 나쁘게 한다. 피해야 할 대표적인 어법 중의 하나이다. 특수한 상황이 아니라면 비꼬거나 빈정대는 듯한 표현은 삼가는 것이 좋다. 산뜻한 칭찬과 비판은 의사표현의 격을 높인다. 반대로 단정적인 말은 금물이다. 따라서 같은 내용이라도 보다 완곡하게 표현할 수 있도록 평소에 훈련해야 한다.

8) '첫마디' 말을 준비하라

의사표현에도 준비가 필요하다. 첫 만남을 앞둔 시점이라면 어떤 말로 이야기를 풀어갈지 미리 생각해두는 것이 좋다. 재치 있는 말이 떠오르지 않을 때는 신문 또는 잡지를 참고하거나, 그 당시 이슈가 되는 뉴스를 언급한다거나, 아니면 그날의 대화주제와 관련된 옛 경험을 떠올려보는 것도 한 방법이다. 사업상의 만남일 경우, 상대방이 미처 생각하지 못하고 있을 법한 분야에 대한 지식을 한두 가지라도 쌓아두면 큰 도움이 된다. 특히, 일반인이 잘 모르는 과학적인 근거가 있는 이야기라면 괜찮을 것 같다.

9) 이성과 감성의 조화를 꾀하라

논리적 언변은 대화를 이끌어 가는 데 큰 힘이 된다. 그러나 이견이 있거나 논쟁이 붙었을 때 무조건 앞뒤 말의 '논리적 개연성'만 따지고 드는 자세는 바람직하지 않다. 그러한 자세는 사태 해결에도 도움이 되지 않지만, 설사 논쟁에서 승리한다 해도 두 사람의 관계를 예전으로 돌려놓는 것은 거의 불가능해진다. 학문적·사업적 토론에는 진지하게 임하되, 인신공격성 발언은 피하도록 한다. 또한 제압을 위한 논리를 앞세우지 말고, 합의를 위한 논리를 지향해야 한다. 논쟁이 일단락된 다음에는 반드시 서로의 감정을 다독이는 과정을 밟도록 한다. 논쟁 자체가 큰 의미가 없는 것일 땐 감정에 호소하는 말로 사태를 수습하는 것도 나쁘지 않은 방법이다.

10) 대화의 룰(rule)을 지켜라

좋은 의사표현에는 일정한 규칙이 있다.

첫째, 상대방의 말을 가로막지 않는다.

둘째, 혼자서 의사표현을 독점하지 않는다.

셋째, 의견을 제시할 땐 반론 기회를 준다.

넷째, 임의로 화제를 바꾸지 않는다.

위의 내용은 익히 알고 있는 내용들이지만 지키기는 쉽지 않다. 말을 주고받는 순서, 그리고 자기가 하려는 말의 분량을 늘 염두에 두고 있으면 실수를 줄일 수 있다.

11) 문장을 완전하게 말하라

그냥 '됐어요.'라고 하는 것보다는 '제가 혼자 할 수 있는 일입니다. 감사합니다.' 또는 '저 혼자 옮길 수 있습니다.'라든지, '갈게요'보다는 '다녀오겠습니다.'가 훨씬 단정하고 분명하다. 축약된 말은 자칫 무례하거나 건방지다는 느낌을 줄 수 있지만, 바른 말로 이루어진 완전한 문장은 말하는 이의 품격을 높여줄 뿐 아니라 원활한 의사소통에도 도움이 된다. 특히, 자신이 없는 대답에는 끝말을 흐리게 되는데, 이렇게 끝말을 흐리게 된다면, 자신감이 부족함을 나타내고, 이러한 말을 듣는 사람은 신뢰감을 잃을 수 있게 되기 때문에 설령 잘못한 일이라도 명확히 잘못된 부분을 언급한다면, 상대방에게 앞으로는 잘못을 하지 않겠다는 강한 의지를 표명하는 것으로 보일 수 있기 때문이다. 끝말을 흐린다는 것은 좋지 않은 인상을 남긴다는 것을 잊지 말아야 하겠다.

사례

비밀 사례 소개

영국의 한 연구에 따르면 여성은 장기간 비밀을 유지하기 힘들며 48시간 내에 비밀을 타인에게 털어놓는 경향이 있다고 한다.

연구자들은 18~65세의 여성 3,000명을 대상으로 조사한 결과, 여성이 비밀을 유지하는 시간이 평균 47시간 15분을 넘지 않는다는 사실을 발견했다. 연구는 또한 약 40%의 조사 대상자들이 사적인 비밀이든 중요한 기밀이든 남에게 누설하려는 충동을 이겨내지 못했다고 밝혔다. 조사 대상자 중 절반 이상은 정신이 또렷하고 이성적인 상태에서는 일부 비밀을 절대 말하면 안 된다는 것을 스스로에게 주지시키지만, 술을 마시면 다른 사람이 모르는 비밀을 알려 주고 싶어 하거나 어떤 사람 또는 어떤 일에 대해 이러쿵저러쿵 말하고 싶은 충동을 이기지 못한다고 고백했다.

연구에 따르면 여성은 매주 평균 세 건의 비밀을 듣고 이를 타인에게 전달한다고 한다. 조사 대상자의 약 30%는 이를 누설하고픈 욕망을 가지고 있었다. 절반 이상의 비밀 누설자는 단지 '얘기하는 게 재미있어서'라고 대답했지만 3분의 2는 나중에 죄책감을 느낀다고 대답했다.

조사과정에서 여성의 4분의 3은 자신은 비밀을 지킬 수 있다고 답했고, 83%는 자신이 완전히 신뢰할 만한 사람이라고 생각하고 있었다. 그러나 40% 이상은 친구의 비밀을 그들을 모르는 제3자에게 털어놓는 것을 용인할 수 있다고 답했으며, 약 40%는 남편이 '자신을 진정으로 이해해 주는 마지막 사람'이라고 생각했다.

비밀을 여성 친구에게 알려준 사람들에게 다소나마 위안이 되는 점은, 조사 대상자의 약 27%가 아주 중요한 일이 아니거나 어떤 사람에게 굉장히 큰 영향을 미치는 일이 아니라면 대부분 다음 날이 되면 전날 무슨 얘기를 전해 들었는지 잊어버린다고 대답했다는 사실이다.

출처: 북경어언대학편(2016). 『신 HSK모의고사 - 6급』. 다락원. p. 105 인용

✤ 원하는 것을 얻는 협상 모델 매트릭스(Matrix)

1분면 - 문제파악과 목표 수립	2분면 - 상황 분석
1. **목표수립:** 단기 · 장기목표를 세워라. 2. **문제파악:** 목표달성의 걸림돌이 무엇인지 파악하라. 3. **관계자 구분:** 상대방, 의사결정자, 제3자의 목록을 작성하라. 4. **최악의 시나리오 예상:** 협상 결렬 시 예상되는 상황을 생각하라. 5. **준비:** 상대방에 대한 정보를 모두 수집하라.	6. **니즈와 관심 파악:** 양측의 니즈와 관심이 무엇인가? 7. **상대에 대한 인식:** 양측의 머릿속 그림은 무엇인가? 8. **의사소통 방식 파악:** 의사소통 스타일과 관계는 어떠한가? 9. **표준에 대한 인식:** 상대방이 지키는 표준은 무엇인가? 10. **목표 재검토:** 상황 판단에 따른 목표 조정이 필요한가?
3분면 - 옵션 선택과 리스크 대처	**4분면 - 행동**
11. **브레인스토밍:** 목표달성을 위한 옵션은 무엇인가? 12. **점진적 접근방법 설정:** 위험을 줄이는 중간 단계를 설정하라. 13. **제3자의 존재 파악:** 공동의 적이나 영향을 끼치는 존재가 있는가? 14. **프레이밍 확립:** 비전을 만들고 창의적으로 질문하라. 15. **대안 마련:** 협상을 진전시키기 위한 다른 옵션을 찾아라.	16. **최선의 방법과 우선순위 결정:** 협상에 결정적 요인과 포기해야 할 것들을 파악하라. 17. **협상방식 숙고:** 누구에게, 어떻게 이야기를 할 것인가? 18. **절차 인지:** 의제, 시한, 시간관리에 소홀하지 말라. 19. **계약사항과 인센티드 확인:** 상대방에게 직접 확인하라. 20. **후속 진행:** 누가, 무엇을 진행할 것인가.

✤ 원하는 것을 얻는 협상 모델을 위한 열두 가지 전략

첫째, 목표에 집중하라.

둘째, 상대의 머릿속 그림을 그려라.

셋째, 감정에 신경 써라.

넷째, 모든 상황은 제각기 다르다는 것을 인식하라.

다섯째, 점진적으로 접근하라.

여섯째, 가치가 다른 대상을 교환하라.

일곱째, 상대방이 따르는 표준을 활용하라.

여덟째, 절대 거짓말을 하지 말라.

아홉째, 의사소통에 만전을 기하라.

열 번째, 숨겨진 걸림돌을 찾아라.

열한 번째, 차이를 인정하라.

열두 번째, 협상에 필요한 모든 것을 목록으로 만들어라.

– 스튜어트 다이아몬드 저, 김태훈 옮김(2013). 『어떻게 원하는 것을 얻는가』. pp. 185~186 인용

Chapter 6

기초외국어능력

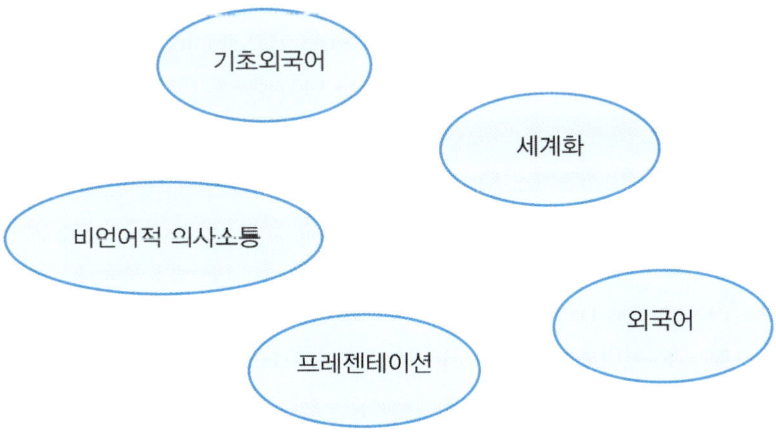

1. 언어란?

크라센(Stephen Krashen)은 제2언어에 있어서의 언어수행능력이 발달되는 데는 두 가지 방법, 습득과 학습이 있다고 주장했다. 즉, 습득을 언어숙달을 진척시키는 것과 관련 있는 기본과정으로 알고 이러한 과정을 학습과 구별하였다.

습득(Acquisition)이란 실질적인 의사소통을 위해 언어를 사용하여 목표 언어 체계를 무의식적으로 개발시킨다는 개념이다. 언어에 대한 이해 및 의미 있는 의사전달을 위한 언어 사용을 통하여, 언어의 능숙함이 자연스럽게 발달되는 것을 포함한 무의식적인 과정으로 언어 사용 환경에 노출됨으로써 그 경험을 통하여 언어능력을 얻는 것이다.

학습(Learning)이란 지도(instruction)로 얻은 문법적 지식을 의식적으로 나타내는 것, 하나의 언어에 대한 의식적인 규칙이 발달되는 과정, 한 언어의 형태에 대한 명시적 지식과 이 지식을 구두(口頭)화하는 능력, 교실 수업이라는 의식적 규칙 수업을 통해 언어능력을 얻는 것이라는 개념으로 사용된다.

1) 어린이가 모국어를 학습할 때 언어가 수행할 기능 7가지 제시 (Halliday)

① **도구적 기능(instrumental function)**: 무엇인가 얻기 위해 언어를 사용하는 것

② **조절기능(regulatory function)**: 타인의 행동을 통제하기 위해 언어를 사용하는 것

③ **상호작용 기능(interactional function)**: 다른 사람과 상호작용을 만들어 내기 위해 언어를 사용하는 것

④ **개인적 기능(personal function)**: 개인적 감정과 의미를 표현하기 위해 언어를 사용하는 것

⑤ **탐구기능(heuristic function)**: 배우고 발견하기 위해 언어를 사용하는 것

⑥ **상상기능(imaginative function)**: 상상의 세계를 만들어 내기 위해 언어를 사용하는 것

2) 언어의 마술

'자살'을 거꾸로 읽으면 '살자'가 되고

'역경'을 거꾸로 읽으면 '경력'이 되고

'인연'을 거꾸로 읽으면 '연인'이 되며

'내 힘들다'를 거꾸로 읽으면 '다들 힘내'가 된다.

3) 근본적 귀속오류(Fundamental Attribution Error)

근본적 귀속오류는 서로의 의도를 분명하게 확인하지 않기 때문에 수많은 갈등이 생긴다는 심리학적인 용어이다.

그 예를 들어보면, "미국의 레스토랑에서 커피를 더 마시고 싶을 때 잔을 들어서 살짝 흔들면 알아서 채워줍니다. 하지만 사우디아라비아에서 같은 행동을 하면 웨이터가 와서 잔을 치웁니다. 그래놓고 자신이 내 의도를 제대로 이해했다고 생각하죠."라고 말하고 있다.

근본적 귀속오류는 다른 사람들도 어떤 일에 대하여 자신과 같은 방식으로 반응할 것이라고 가정하는 것이다. 나는 더운데 다른 사람이 추워한다고 해서 그 사람이 틀린 것이 아니다. 사람들은 같은 상황에서도 저마다 다른 방식으로 반응한다.

– 스튜어트 다이아몬드 지음, 김태훈 옮김(2011). 『어떻게 원하는 것을 얻는가』. 8.0 출판. p. 66

2. 기초외국어능력

기초외국어능력이란? 직업생활에 있어 우리의 무대가 세계로 넓어지면서 한국어만이 아닌 다른 나라의 언어로 의사소통을 하는 능력을 말한다.

- 외국어로 된 간단한 자료 이해
- 외국인과의 전화응대와 간단한 대화
- 외국인의 의사표현을 이해하고, 자신의 의사를 외국어로 표현할 수 있는 능력

1) 우리와 다른 외국인의 의사표현방법

- 러시아: 자기 스스로 화가 났을 때는 손을 펴서 자기 이마를 친다.
- 미국: 상대에 관심이 있을 때 뿐만 아니라, "농담이다"라는 말을 하려 할 때도 윙크를 한다.
- 아랍권 국가들: 'No'의 의미로 머리를 뒤로 젖히고 눈썹을 치켜 올린다.
- 중국: 놀라거나 어려운 일을 당했을 때, 말없이 고개를 좌우로 젓는다.
- 일본: 팔짱을 끼고 서 있으면 깊이 생각하고 있다는 뜻이다.

2) 같은 글자이나 우리나라와 의미가 다르게 쓰이는 외국어

- 장부(丈夫) : 한국어, 중국어 / 일본어의 뜻 차이
- 낭(娘) : 한국어(여자) / 일본어(딸) / 중국어(어머니)의 뜻 차이
- 짱! : 한국어 / 중국어(脏) / 한국어의 뜻 차이
- 소라 : 한국어 / 일본어(空)의 발음의 차이
- 우리와 다른 외국인의 의사표현을 학생들이 발표한다.

3) 외국인과의 의사소통에서 피해야 할 행동

- 상대를 볼 때 흘겨보거나, 아예 보지 않는 행동
- 팔짱을 끼고 의사소통하는 행동
- 표정 없이 말하는 것
- 대화에 집중하지 않고 다리를 흔들거나 펜을 돌리는 행동

- 맞장구를 치지 않거나, 동의나 반대의 표현이 없는 것
- 자료만 보는 행동
- 바르지 못한 자세로 앉는 행동
- 한숨이나 하품을 하는 것
- 다른 일을 하면서 듣는 것
- 상대방에게 이름이나 호칭을 어떻게 할지 먼저 묻지 않고 마음대로 부르는 것

4) 기초외국어능력 향상을 위한 공부법

① 외국어 공부를 왜 해야 하는지에 대한 그 목적부터 정하라(구체적인 목적을 정한다. 예를 들면, 1년 후 공부하는 외국으로의 배낭여행을 한다는 계획 등).

② 매일 30분씩 눈과 손과 입에 밸 정도로 반복하여 공부하라(단시간에 집중투자를 하는 것도 외국어 공부를 효과적으로 하는 방법으로 추천할 수 있다).

③ 실수를 두려워하지 말고, 기회가 있을 때마다 외국어로 말하라.

④ 외국어와 익숙해질 수 있도록 쉬운 외국어 잡지나 원서를 읽자.

⑤ 혼자 공부하는 것보다는 라이벌을 정해 놓고 공부하거나, 스터디 그룹에 참여하여 공부하도록 하자.

⑥ 업무와 관련된 외국어 주요 용어는 꼭 메모해 두자.

⑦ 출퇴근시간에 짬짬이 외국어방송을 보거나, 라디오를 들어라.

⑧ 외국어 단어를 암기할 때, 그림카드를 사용해보라. 없다면 명함 카드 사용도 추천한다.

⑨ 가능하면 외국인 친구를 많이 사귈 수 있는 기회를 만들어 대화를 자주 나누어보라(외국인 유학생 적극 활용. 외국인 유학생 홈스테이 등등).

5) 각국의 간단한 인사와 기초 외국어

- 그리스: 칼라스페라
- 네덜란드: 호이
- 네팔: 나마스테(3회)
- 독일: 구텐탁(저녁 인사)
- 러시아: 즈드랏스 부이쩨
- 몽골: 새응배노
- 미얀마: 맹글라바
- 베트남: 신짜오
- 스페인: 울라울라
- 아랍: 마르하반
- 알래스카: 브텐니브텐니 음
- 오스트레일리아: 굿데이
- 이라크: 쌀라마이꿈
- 이스라엘: 샬롬
- 이탈리아: 부온 죠르노
- 인도: 나마스테
- 인도네시아: 아빠 까바르
- 일본: 오하요오 고자이마스(아침 인사)
- 중국: 니하오
- 캄보디아: 섭섭하이
- 태국: 싸와디캅(크랍)
- 프랑스: 봉주르
- 핀란드: 헤이페 헤이

3. 비언어적 표현

다음의 내용은 갈등관리 부분에서 언급하였던 내용이지만, 비언어적인 표현에 직접적인 관련이 있어, 이곳에서 다시 언급한다.

캘리포니아 대학교 로스엔젤레스 캠퍼스(UCLA) 심리학과 명예교수인 앨버트 메라비안(Albert Mehrabian)이 1971년에 출간한 저서 『Silent Messages』에서 발표한 것으로, 말하는 사람이 전하려는 메시지에 언어적 표현과 비언어적 표현 중 비언어적 표현이 훨씬 큰 영향을 미친다는 것이다. 듣는 사람은 말하는 사람의 청각적인 부분, 즉 목소리로부터 38%, 표정, 태도, 몸짓 등 시각적인 부분으로부터 55%의 영향을 받는데, 이 두 가지 비언어적인 영향력을 제외하면 언어적인 부분은 7%만을 차지한다는 결론에 이른다. 이를 '메라비언의 법칙(the rule of Mehrabian/ the law of Mehrabian)'이라 한다. 즉, 말을 할 때의 태도나 목소리 등 말의 내용과 직접적인 관계가 없는 93%의 요소가 상내방으로부터 받는 이미지를 좌우한다는 것이다. 이러한 이론은 짧은 시간에 좋은 이미지를 주어야 하는 직종의 사원교육 때 많이 활용되는 이론이다.

표정, 몸짓, 목소리만으로 거짓말을 알아내고, 상대방이 어떤 감정상태인지를 알아내는 비언어적 커뮤니케이션 분야의 세계적인 전문가이자 보디랭귀지 전문가인 캘리포니아 대학교의 명예교수인 폴 에크만(Paul Ekman) 교수는, 모든 인간은 그 시대와 공간을 불문하고 6가지 감정을 공유한다고 하는데, 그것이 바로 '분노, 혐오, 공포, 행복, 슬픔, 놀라움'이다. 그는 후에 일곱 번째 공유 감정으로 '경멸(contempt)'을 덧붙였다.

1) 같은 비언어적 표현의 다른 해석

우리가 사진을 찍을 때 제일 많이 하는 몸짓이 무엇일까? 바로 손으로 알파벳

'V(브이)'를 그리는 것이다. 이 표현은 '승리의 브이'라고 말할 정도로, 뭔가 자랑스러운 일을 하거나 뿌듯할 때의 기분을 나타낸다. 그런데 그리스에서는 손바닥이 바깥쪽으로 향하게 V자를 그리는 것은 욕이 된다고 한다.

또 영국과 프랑스에서는 손등이 바깥쪽으로 향하게 V자를 그리면 '꺼져 버려!'라는 의사를 전달하는 거라고 하니 그런 손짓은 하면 안 될 것이다.

또 같은 시선도 다르게 받아들인다.

우리나라에서는 어른들께 야단을 맞을 때 어른의 눈을 똑바로 바라보면 반항의 의미로 받아들이지만, 미국에서는 상대방의 눈을 바로 보지 않으면 무시하는 태도라고 생각한다. 이처럼 비언어적 표현은 시대와 공간에 따라 다르게 해석될 수 있다.

– 네이버 지식백과, 비언어적 표현 [非言語的表現] - 몸짓이나 표정 등으로 하는 의사소통(초등국어 개념사전, 2010. 3. 25., (주)북이십일 아울북)

2) 근본적 귀속오류(Fundamental Attribution Error)

우리는 생각지도 못한 부분에서 인식의 차이가 있음을 발견한다. 예전에 우리나라를 방문한 빌게이츠가 청와대에서 박근혜 대통령을 만나는 자리에서 근본적 귀속오류가 일어난 것을 볼 수 있다. 빌게이츠가 왼손을 주머니에 넣은 채 박 대통령과 악수를 한 것은 우리나라 사람의 관점에서 보았을 때는 있을 수 없는 행동을 한 것이다. 그러한 행동은 결례를 넘어 무례하기 짝이 없는 행동이지만, 미국인들의 눈에는 그렇게 보이지 않고 자연스러움의 표현이라는 것이다. 또 이와 같은 맥락으로 중동에서는 왼손으로 물건을 주는 것에 대해 받는 사람은 아주 불쾌하게 생각한다. 왜냐하면 중동에서는 왼손은 더러운 손이기 때문에 더러운 손으로 물건을 주었기 때문이다. 또 인도에서는 처음 본 여성에게 결혼은 하였는지? 연봉은 얼마나 되는지? 몸무게는 얼마나 나가는지? 등의 질문을 하는 것이 하나도 예의에 어긋난 것이 아니라고 한다. 우리나라에서는 이와 같은 질문을 한다면 이상하게 볼 것임에는 틀림이 없을 것이다. 그러므로 어떠한 환경에서 어떤 행동을 하는지가 예의에 어긋나기도 하고 또는 사회적으로 용인되어지기도 하는 것을 볼 수 있다.

근래에는 교통수단이 발달하고, 통신 및 IT(Information Technology, 情報技術) 산업이 발전하여 지구를 지구촌이라는 말로 부르고 있다. 이렇게 부르는 이유는 그만큼 서로 간의 거리가 가까워졌다는 것을 강조하는 것이다. 지구라는 공간이 하루, 이틀이면 모두 왕래할 수 있는 그런 작은 집단으로 바뀌었다는 것을 강조하는 의미에서 지구촌이라는 말을 쓰고 있다. 또 여러 통신매체를 통해 지구 반대편에 있는 뉴스를 거의 동시간대에 지구 반대편에서 그 소식을 들을 수 있고, SNS(Social Networking Service)를 통한다면 실시간으로 상대의 상태를 파악할 수 있는 통신기기도 갖추고 있으므로, 더 가까이에서 실시간으로 상대를 파악할 수도 있다. 이렇게 가까워지고 지근거리의 상태에 있으면서도 아직도 서로 다른 환경의 차이로 인해 발생하는 귀속적 근본 오류라는 해프닝은 참으로 아이러니하다고 말할 수 있다.

그렇다면 이러한 현상을 우리는 어떻게 이해해야 하는가? 이것에 대답하기 이전에 먼저 이러한 현상이 발생하는 것이 과연 나쁜 것인가 아닌가 하는 의문을 던져본다. 답은 이러한 생각의 차이는 결코 나쁜 것은 아니다. 그러한 것은 문화적 배경 및 환경에 의해 자연스럽게 형성된 것이고, 그러한 환경에서 익숙해져 있다는 것이다. 그렇다고 그렇게 행동하지 않은 사람은 잘못된 것인가? 그것 역시 아니라고 할 수 있다. 단지 서로가 다를 뿐이지, 나쁘고 좋고의 문제가 아니라는 것이다.

이러한 현상은 비단 사회문화적인 배경이 다른 곳에서만 일어나는 일은 아니다. 작게는 우리 주변, 특히 학교에서도 이와 같은 상황은 비일비재하게 발생한다. 약간의 차이는 있지만 교수와 교수, 교수와 학생, 학생과 학생의 관계에서도 알게 모르게 상대의 진심을 오해하는 사례를 쉽게 볼 수 있다. 이러한 현상이 발생하는 것 자체가 문제가 되는 것이 아니라, 발생한 현상에 어떠한 관점 또 어떤 의도로 행동한 것인가를 파악하는 것이 더욱 중요한 문제이다. 상대의 행동을 먼저 이해하려는 마음을 가지고 그러한 현상을 파악할 때, 진정으로 올바른 소통의 자세라고 할 수 있다. 우리는 '역지사지(易地思之)'라는 방식으로 소통을 부드럽게 유지하였던 선인들을 볼 때, 선인들의 슬기로운 지혜를 엿볼 수 있다. 다른 어떤 말보다도 그 사람의 입장에서 그러한 행동을 바라본다면, 의외로 쉽게 근본적 귀속오류에 대한 차이점을 극복할 수 있을 것이다.

끝으로 어떤 행동이나 발생한 현상에 대해 이해하고자 할 때에는 어떻게 접근하느냐에 따라 그 결과가 완전히 달라진다는 것을 앞에서 볼 수 있었다. "너"는 "나"와는 다르다는 선입견을 지니고 어떤 원인에 대한 결과를 이해하려는 입장에서 탈피하여, 서로의 입장을 공유하는 "우리"라는 새로운 접근방식으로 원인과 결과에 대해 이해하고 접근한다면 뜻하지 않은 좋은 결과를 얻을 수 있고 또 소통의 원만함을 유지할 수 있을 것이다. 왜냐하면 "나"와 다르다고 하여 "너"가 틀린 것은 아니기 때문이다. 우리의 사고를 더욱 풍성하게 하여 우리의 소통을 원활하게 하고자 다음의 말로 이 글을 끝맺음해본다.

어떤 아버지가 임종을 앞두고 다음과 같이 유언하였다. "내가 가지고 있는 양의 반은 큰아들에게, 3분의 1은 둘째 아들에게, 9분의 1은 막내아들에게 주어라. 양은 모두 17마리이다. 양을 죽이거나 하면 절대로 안 된다"고 하였다. 과연 이들은 어떻게 아버지의 유언을 받들었을까?, 이 유언을 실천할 수는 있는 것인가?, 어떻게 나누어 줄 수 있는가?

사랑의 편지 쓰기

학과		학번		성명	

사랑하는 사람의 장점 30가지 쓰기

학과		학번		성명	

자기소개서 쓰기

자 기 소 개 서

1) 성장과정	
2) 성격의 장단점	
3) 학창생활	
4) 지원동기 및 입사 후 포부	

학과		학번		성명	

이력서 쓰기

입 사 지 원 서

지원회사	지원분야

인적사항		성 명		한 문		영 문	
		주민번호	(만 세)				
		주 소					
		전화번호		휴대전화			
		E-MAIL					

학력사항	입학연월	졸업연월	학 교 명	전 공	졸업구분	소재지	학점
							/

경력사항 (실습/아르바이트)	기 간	소 속 명	직 위	담당업무 (구체적으로 기술)

자격사항	자격증	취득일	발행처

주요활동 (동아리, 봉사)	기간	단체명	세부내용

상기 지원서상의 모든 기재사항은 사실과 다름없음을 확인합니다.

년 월 일 (인)

학과		학번		성명	

나의 꿈

학과		학번		성명	

학과		학번		성명	

학과		학번		성명	

■ 총괄평가

1. 다음의 내용을 읽고, 무엇에 대한 정의를 설명한 것인지 쓰시오.

> 원래 뜻은 '상호 공통점을 나누어 갖는다'로 라틴어 'communis(공통, 공유)'에서 나온 말이다.
>
> 두 사람 또는 그 이상의 사람들 사이에서 일어나는 의사의 전달과 상호 교류가 이루어진다는 뜻이며, 어떤 개인 또는 집단이 개인 또는 집단에 대해서 정보, 감정, 사상, 의견 등을 전달하고 그것들을 받아들이는 과정을 의미한다.

2. 직장생활에서 의사소통의 기능으로 옳지 않은 것을 고르시오.

① 조직과 팀의 효율성과 효과성을 성취할 목적으로 이루어지는 구성원 간의 정보와 지식의 전달과정이다.

② 공통의 목표를 추구해 나가는 집단 내의 기본적인 존재 기반이고 성과를 결정하는 핵심기능의 역할을 한다.

③ 자신의 생각과 느낌을 일방적으로 표현하여, 어떠한 상황에서도 자신의 의견을 상대방에게 주장할 수 있도록 한다.

④ 조직 구성원 간의 정보를 공유하는 역할을 한다.

3. 의사소통의 올바른 태도에 대해 작성하시오.

4. 다음은 무엇에 대한 설명인가?

> 상황과 목적에 적합한 문서를 시각적이고 효과적으로 작성하기 위한 능력

① 문서이해능력 ② 문서작성능력

③ 언어이해능력 ④ 언어표현능력

5. 직장인에게 요구되는 의사소통능력 중 언어적인 측면에 해당하는 두 가지를 쓰시오.

6. 다음 중 '기초외국어능력'을 대하는 마음가짐으로 옳지 않은 것을 고르시오.

① 상대방과 목적을 공유하라.
② 외국어를 너무 어렵게만 생각하시 말라.
③ 자신을 극복하라.
④ 자신의 부족한 외국어 실력을 의식하여, 실수하지 않도록 한다.

7. 다음 중 의사소통의 저해요인에 해당되지 않는 것을 고르시오.

① 표현능력의 부족 ② 평가적이며 판단적인 태도
③ 상대방을 배려하는 마음가짐 ④ 선입견과 고정관념

8. 의사소통능력을 개발하기 위해서 필요한 것이 무엇인지 작성하시오.

〈9~11〉 다음의 네모 칸에 있는 적절한 문서의 종류를 각각 고르시오.

ㄱ. 기획서	ㄴ. 기안서	ㄷ. 보고서

9. 회사의 업무에 대한 협조를 구하거나 의견을 전달할 때 작성하며 흔히 사내 공문서로 불린다.

10. 특정한 일에 관한 현황이나 그 진행상황 또는 연구, 검토결과 등을 보고하고자 할 때 작성하는 문서이다.

11. 적극적으로 아이디어를 내고 기획해 하나의 프로젝트를 문서 형태로 만들어, 상대방에게 기획의 내용을 전달하여 기획을 시행하도록 설득하는 문서이다.

12. 다음은 무엇에 대한 설명인지 쓰시오.

개인의 가정환경과 성장과정, 입사 동기와 근무자세 등을 구체적으로 기술하여 자신을 소개하는 문서이다.

13. 다음 중 '문서이해를 위한 구체적인 절차' 6단계 중 가장 먼저 행해져야 할 사항은 무엇인가?

① 문서의 목적을 이해하기
② 문서가 작성된 배경과 주제를 파악하기
③ 현안문제를 파악하기
④ 내용을 요약하고 정리하기

14. 다음 중 '설명서'의 올바른 작성법에 해당되지 않는 것을 고르시오.

① 정확한 내용 전달을 위해 명령문으로 작성한다.
② 상품이나 제품에 대해 설명하는 글의 성격에 맞춰 정확하게 기술한다.
③ 정확한 내용전달을 위해 간결하게 작성한다.
④ 소비자들이 이해하기 어려운 전문용어는 가급적 사용을 삼간다.

15. 다음 중 '기획서'의 올바른 작성법에 해당되지 않는 것을 고르시오.

① 내용이 한눈에 파악되도록 체계적으로 목차를 구성하도록 한다.
② 핵심내용의 표현에 신경을 써야 한다.
③ 효과적인 내용전달을 위해 적합한 표나 그래프를 활용하여 시각화하도록 한다.
④ 인용한 자료의 출처는 기입하지 않는다.

16. 다음 중 '문서작성의 원칙'으로 옳지 않은 것을 고르시오.

① 문장은 짧고, 간결하게 작성하도록 한다.
② 정확한 의미전달을 위해 한자어를 최대한 많이 사용한다.
③ 간단한 표제를 붙인다.
④ 문서의 주요한 내용을 먼저 쓰도록 한다.

17. 다음은 의사소통능력 중 무엇에 대한 설명인가?

다른 사람에 공감하는 능력이다. 대화의 과정에서 상대방에게 신뢰를 쌓을 수 있는 최고의 방법이다.

18. 다음 중 경청을 방해하는 요인에 해당되지 않는 것을 고르시오.

① 상대방의 말을 짐작하면서 듣기
② 대답할 말을 미리 준비하며 듣기
③ 상대방의 마음상태를 이해하며 듣기
④ 상대방의 말을 판단하며 듣기

19. 다음 중 효과적인 경청방법으로 옳지 않은 것을 고르시오.

① 주의를 집중한다.
② 나와 관련지어 .
③ 상대방의 대화에 적절히 반응한다.
④ 상대방의 말을 적당히 걸러내며 듣는다.

20. 효과적인 의사표현을 위해 고려해야 할 사항으로 옳지 않은 것을 고르시오.

① 음성　② 몸짓
③ 적절한 유머　④ 현란한 언어구사력

21. 다음 중 '의사소통의 방해요인' 중 '말'에서 고칠 수 없는 것은 무엇인가?

① 말의 장단 ② 말의 고저

③ 발음 ④ 목소리

22. 연단공포증을 극복하기 위한 방법을 쓰시오.

23. 설득력 있는 의사표현을 하기 위한 방법을 쓰시오.

24. 직장생활에서 '기초외국어능력'이 필요한 상황은 언제이며, 상황에 따라 효과적으로 외국어 활용을 하기 위해 어떻게 해야 하는지 자신의 생각을 작성하시오.

25. '의사소통능력'의 모든 과정을 마무리하면서, 훌륭한 의사소통능력을 갖추기 위해 자신에게 반드시 필요한 점이 무엇이고, 그런 점을 갖추기 위한 나만의 실천사항 3가지를 쓰시오.

〈정답〉

1. 의사소통 / communications
2. ③
3. 의사소통은 내가 상대방에게 메시지를 전달하는 과정이 아니라 상대방과의 상호작용을 통해 메시지를 다루는 과정이다. 성공적인 의사소통을 위해서는 자신이 가진 정보와 의견을 상대방이 이해하기 쉽게 표현하는 것뿐만 아니라, 상대방이 어떻게 받아들일 것인가를 반드시 고려해야 한다.
4. ②
5. 경청능력, 의사표현능력
6. ④
7. ③
8. ① 사후 검토와 피드백 활용, ② 언어의 단순화, ③ 적극적인 경청, ④ 감정의 억제
9. 기안서
10. 보고서
11. 기획서
12. 자기소개서
13. ①
14. ①
15. ④
16. ②
17. 경청능력
18. ③
19. ④
20. ④
21. ④
22. ① 완전무결하게 준비하라. ② 청중 앞에서 말할 기회를 자주 가져라. ③ 시간보다 더 많이 준비하라. ④ 충분히 휴식하라. ⑤ 처음부터 웃겨라. ⑥ 심호흡을 하라. ⑦ 청자 분석을 철저히 하라. ⑧ 청자를 호박으로 보라. ⑨ 청자의 코를 보라.
23. ① 'Yes'를 유도하여 미리 설득 분위기를 조성하라. ② 대비 효과로 반발심을 일으켜라. ③ 침묵을 지키는 사람의 참여도를 높여라. ④ 여운을 남기는 말로 상대방의 감정을 누그러뜨려라. ⑤ 하던 말을 갑자기 멈춤으로써 상대방의 주의를 끌어라. ⑥ 호칭을 바꿔서 심리적 간격을 좁혀라. ⑦ 꼬집어 말하여 자존심을 건드려라. ⑧ 정보전달 공식을 이용하여 설득하라. ⑨ 상대방이 불평이 가져올 결과를 강조하라. ⑩ 권위 있는 사람이 말이나 작품을 인용하라. ⑪ 약점을 보여주어 심리적 거리를 좁혀라. ⑫ 이상과 현실의 구체적 차이를 확인시켜라. ⑬ 자신의 잘못도 솔직하게 인정하라. ⑭ 집단의 요구를 거절하려면 개개인의 의견을 물어라. ⑮ 동조심리를 이용하여 설득하라. ⑯ 지금까지의 노고를 치하한 뒤 새로운 요구를 하라. ⑰ 담당자가 대변자 역할을 하도록 하여 윗사람을 설득하게 하라. ⑱ 겉치레 양보로 기선을 제압하라. ⑲ 변명의 여지를 만들어 주고 설득하라. ⑳ 혼자 말하는 척하면서 상대의 잘못을 지적하라.
24. 각자 작성
25. 각자 작성

■ 사후평가 체크리스트

구분	문항	매우 미흡	미흡	보통	우수	매우 우수
의사소통능력	1. 나는 의사소통의 중요성을 설명할 수 있다.	1	2	3	4	5
	2. 나는 의사소통의 능력과 종류를 구분하여 설명할 수 있다.	1	2	3	4	5
	3. 나는 의사소통을 적절히 하여야만 하는 이유를 설명할 수 있다.	1	2	3	4	5
	4. 나는 올바른 의사소통을 저해하는 요인에 대해 설명할 수 있다.	1	2	3	4	5
	5. 나는 올바른 의사소통을 저해하는 요인을 제거하는 방법에 대해 설명할 수 있다.	1	2	3	4	5
	6. 나는 효과적인 의사소통능력을 개발하기 위한 방법을 설명할 수 있다.	1	2	3	4	5
문서이해능력	1. 나는 문서가 무엇인지 설명할 수 있다.	1	2	3	4	5
	2. 나는 문서이해의 개념 및 특성에 대하여 설명할 수 있다.	1	2	3	4	5
	3. 나는 문서이해의 중요성에 대하여 설명할 수 있다.	1	2	3	4	5
	4. 나는 문서이해의 구체적인 절차와 원리를 설명할 수 있다.	1	2	3	4	5
	5. 나는 문서를 통한 정보획득 및 종합방법을 설명할 수 있다.	1	2	3	4	5
	6. 나는 다양한 문서의 종류를 구분하여 설명할 수 있다.	1	2	3	4	5
	7. 나는 다양한 문서에 따라 각기 다른 이해방법을 알고 있다.	1	2	3	4	5
	8. 나는 문서이해능력을 키우기 위한 방법을 알고 설명할 수 있다.	1	2	3	4	5
문서작성능력	1. 나는 직업생활에서 필요한 문서가 무엇인지 확인할 수 있다.	1	2	3	4	5
	2. 나는 문서를 작성해야 하는 목적 및 상황을 파악할 수 있다.	1	2	3	4	5
	3. 나는 내가 주로 작성하는 문서가 어떻게 작성되어야 하는지 방법을 설명할 수 있다.	1	2	3	4	5
	4. 나는 문서의 종류에 따라 적절하게 문서를 작성할 수 있다.	1	2	3	4	5
	5. 나는 문서작성에서 시각적인 표현의 필요성을 설명할 수 있다.	1	2	3	4	5
	6. 나는 문서작성에서 시각적인 표현을 효과적으로 사용할 수 있다.	1	2	3	4	5
경청능력	1. 나는 경청의 개념을 설명할 수 있다 .	1	2	3	4	5
	2. 나는 경청의 중요성을 설명할 수 있다.	1	2	3	4	5
	3. 나는 올바른 경청을 방해하는 요인들을 설명할 수 있다.	1	2	3	4	5
	4. 나는 효과적인 경청방법에 대해 설명할 수 있다.	1	2	3	4	5
	5. 나는 경청훈련을 통하여 올바른 경청방법을 실천할 수 있다.	1	2	3	4	5

의사 표현 능력	1. 나는 의사표현의 개념을 설명할 수 있다.	1	2	3	4	5
	2. 나는 의사표현의 중요성을 설명할 수 있다.	1	2	3	4	5
	3. 나는 원활한 의사표현을 방해하는 요인들을 설명할 수 있다.	1	2	3	4	5
	4. 나는 효과적인 의사표현법에 대해 설명할 수 있다.	1	2	3	4	5
	5. 나는 설득력 있는 의사표현을 실천할 수 있다.	1	2	3	4	5
기초 외국어 능력	1. 나는 직업생활에서 필요한 기초외국어능력이 무엇인지 설명할 수 있다.	1	2	3	4	5
	2. 나는 직업생활에서 기초외국어능력이 왜 필요한지 설명할 수 있다.	1	2	3	4	5
	3. 나는 기초외국어능력이 필요한 상황을 알 수 있다.	1	2	3	4	5
	4. 기초외국어능력으로서 비언어적 의사소통을 설명할 수 있다.	1	2	3	4	5
	5. 나는 기초외국어능력을 향상시키는 방법을 설명할 수 있다.	1	2	3	4	5

학습모듈	점수	총점	총점 /문항 수	교재(장)
의사소통능력	1점 × (　　)개　2점 × (　　)개 3점 × (　　)개　4점 × (　　)개 5점 × (　　)개		총점 / 6 = (　　)	제1장
문서이해능력	1점 × (　　)개　2점 × (　　)개 3점 × (　　)개　4점 × (　　)개 5점 × (　　)개		총점 / 6 = (　　)	제2장
문서작성능력	1점 × (　　)개　2점 × (　　)개 3점 × (　　)개　4점 × (　　)개 5점 × (　　)개		총점 / 6 = (　　)	제3장
경청능력	1점 × (　　)개　2점 × (　　)개 3점 × (　　)개　4점 × (　　)개 5점 × (　　)개		총점 / 6 = (　　)	제4장
의사표현능력	1점 × (　　)개　2점 × (　　)개 3점 × (　　)개　4점 × (　　)개 5점 × (　　)개		총점 / 6 = (　　)	제5장
기초외국어능력	1점 × (　　)개　2점 × (　　)개 3점 × (　　)개　4점 × (　　)개 5점 × (　　)개		총점 / 6 = (　　)	제6장
모듈별 평균 점수 3점 이상 : 우수 3점 미만 : 부족	평가수준이 '부족'인 학습자는 본 교재의 해당 장을 참조하여 다시 학습하십시오.			

참고문헌

강준만(2017). 『고양 영어 사전2』. 인물과 사상사.

고강민(2017). 『신 HSK PT 6급』. 시사중국어사.

구인환(2002). 『고사성어 따라잡기』. ㈜신원문화사.

김진명(2015). 『글자전쟁』. 새문.

남미숙(2017). 『新 HSK 한권으로 끝내기-6급 해설집』. 다락원.

리무윈 · 해커스 HSK 공저(2015). 『해커스 중국어 HSK 5급 해설집』.

리무윈 · 해커스 HSK 공저(2017). 『해커스 중국어 HSK 6급 해설집』.

문강형준(2012). 『혁명은 TV에 나오지 않는다』. 이매진.

박문각 시사상식 편집부(2018). 『시사 상식』. 박문각.

북경어언대학 편(2016). 『신 HSK모의고사-6급』. 다락원.

스튜어트 다이아몬드(2011), 김태훈 옮김. 『어떻게 원하는 것을 얻는가』. 8.0출판.

신의식(2018). 『말이 통하는 교수의 의사소통능력』. 양성원.

심재우(2004). 『Ge처럼 커뮤니케이션 하라』. 일빛.

임귀열. 「임귀열 영어」, 「한국일보」, 2011년 5월 18일.

한국산업인력공단. 『의사소통능력 학습자용 워크북』.

홍종관 박사, http://cafe. daum.net/happychurchcafe

Daniel J. Boorstin(1975), 『Democracy and its Discontents: Reflections on Everyday America』. New York: Vintage Books.

「경향신문」

「동아일보」

「한국일보」

「디지털 한자사전」

찾아보기

저 | 자 | 소 | 개

■ **신의식**

중국 남경대학(南京大學) 수료. 역사학박사
한국교회사연구소 연구원, 동아시아 경제연구원 연구위원
가톨릭신문사 중국주재 기자
서강대, 중국 남경대학, 중국남경사범대학, 한양대, 한성대, 단국대, 남서울대,
충북대, 충청북도 공무원연수원 강사
중국 길림동화대학 객좌교수
현 충청북도 명예대사
　충북보건과학대학교 교수
　아시아천주교사연구회 회장

〈대표논문〉
「民國時期 政府의 釐金政策 및 裁釐加稅問題」
「列强의 中國經濟 侵略의 產物:子口稅」
「曾國藩의 西教認識」
「강희제와 로마 교황청과의 관계를 중심으로」
「로마 교황청의 만주국 승인과 관련된 몇 가지 문제」
「만주국과 천주교회」
「한국천주교 활판 인쇄와 인쇄 장소에 관한 연구」

〈대표 저역서〉
『중국어어법』
『중국천주교회사』
『연령성월』
『성모성월』
『상해근대사』
『상해현대사』
『말이 통하는 교수의 의사소통능력』
『중국문화와 천주교회사』

〈e-learning 교재〉
「나 홀로 떠나는 중국여행」(플래쉬 콘텐츠)
「차 한 잔의 여유와 중국문화」(플래쉬 콘텐츠)

효과적인 인간관계를 위한

협력적 의사소통

1판 1쇄 인쇄 ― 2019년 1월 2일
1판 1쇄 발행 ― 2019년 1월 7일

저 자 - 신의식
발 행 인 - 강철원
발 행 처 - 양성원
주 소 - 경기도 파주시 검산로 173번길 29-20
전 화 - 031-946-3861(代)
팩 스 - 031-946-3864
이 메 일 - tnwpub@naver.com
홈페이지 - tnwpub.co.kr
출판등록 - 2015년 8월 31일 제 2015-000211 호

ISBN 979-11-6126-177-5

정가 16,000원